El Líder Cuántico

Ramiro Rollano Prado, PhD

Copyright © 2014 Ramiro Rollano Prado

All rights reserved.

ISBN: 1494999870
ISBN-13: 978-1494999872

DEDICATORIA

Este libro está dedicado a mi esposa Mónica y a mis dos hijas: Carolina Jeannette y Mónica Nicole.

CONTENIDO

Prefacio 1

PRIMERA PARTE 3

MARCO CONCEPTUAL 3

El Pensamiento Sistémico 3

Teoría de los sistemas autopoiéticos y autorreferentes..........5

Sistemas dinámicos no lineales 7

Teoría de los Sistemas Complejos 8

Los Sistemas Complejos de Adaptación (CAS).......................9

La Teoría del Caos 11

El Universo Cuántico 13

El mundo Holográfico 14

SEGUNDA PARTE 16

EL ENTORNO CAOTICO DEL LIDER CUANTICO 16

Nueva comunidad 17

Nueva Economía 17

La Empresa Intuitiva...20

a investigación y educación Holística 24

Complejidad, caos y empresa 28

TERCERA PARTE...28

CAOS, CUÁNTICA Y LIDERAZGO ORGANIZACIONAL 28

La Era Caórdica y el Liderazgo 32

Caos y Liderazgo: La nueva ciencia del liderazgo 34

CUARTA PARTE 37

EL LIDER CUANTICO 37

El Arquetipo del Hombre Nuevo 37

Características del Líder Cuántico 39

El líder cuántico y su carácter 45

Competencias del Líder Cuántico 48

QUINTA PARTE 50

LO CUÁNTICO: UN MODELO DE LIDERAZGO PRÁCTICO .. 50

Física Cuántica, nuestra realidad y el universo 52

Microcosmos y Macrocosmos 54

Agujeros Negros **55**

Agujeros de gusano 57

El Modelo 58

Salto Cuántico 60

ANEXO I 63

LAS COMPETENCIAS 63

Prefacio

> "En esta época tenemos mayor necesidad que nunca en toda nuestra historia de los seculares dones espirituales, sin los cuales la civilización no puede mantenerse estable; necesitamos poderes de dirección, organización, previsión, imaginación, iniciativa en todos los grados"
>
> Henry Thomas Hamblin.

Hoy vemos y sentimos, como Ramacharaka indica, que lo viejo está derrumbándose para dar paso a lo nuevo. Convencionalismos, ideas, costumbres, leyes, conceptos sociológicos, económicos, teológicos, políticos, filosóficos y metafísicos quedarán desechados por el nuevo hombre y nueva mujer, es decir por la nueva humanidad. En este escenario, los hombres están desesperados y se sienten desamparados e imploran por un guía, un salvador. Nosotros afirmamos que el alivio no vendrá del exterior; vendrá del interior.

Es en esta nueva realidad donde surge el Líder como el generador de este alivio interior, o más exactamente del salto cuántico hacia el cual tiene que avanzar el hombre, tanto en el ámbito personal, social y/o empresarial.

El liderazgo ha estado condicionado por el entorno en el que se ha desarrollado a lo largo de los siglos; sin embargo en los últimos años se ha contemplado una aceleración enorme de la ciencia para posibilitar el desarrollo acelerado de todos los campos. Dado que el nuevo liderazgo es, en muchos aspectos, un liderazgo muy diferente al conocido hasta ahora; se puede decir que al entrar en el siglo XXI la complejidad del entorno social, económico, tecnológico, humano y ético, y, sobre todo, la aceleración del cambio exigen más a los líderes de hoy que a los del pasado; y podemos decir que las cualidades de liderazgo (sean estas las que sean) deberán extenderse a áreas más amplias de la sociedad y de sus organizaciones (Chávarr, Dicenta, 2001). La complejidad en que la sociedad se desenvuelve en este siglo XXI y la velocidad del cambio son tan fuertes que no es posible manejar la realidad con unos pocos líderes, es preciso que existan muchos y excelentes.

En este siglo XXI tenemos mayor necesidad de buscar nuevos enfoques y teorías del saber humano que propongan herramientas que le den un grado transformador a la gestión y al vivir, y que no nos lleven a poner en práctica políticas, teorías y acciones incompatibles con la realidad y por lo tanto contraproducentes. Necesitamos encontrar una ciencia de la vida, de la totalidad, pues es necesario proponer un enfoque que presente un espíritu integrador y universalista. Relacionar cuestiones vinculadas a la gestión y práctica del desarrollo de la gestión organizacional, social y personal con diferentes ciencias, y en particular con la física, nos lleva a encontrar una forma de razonamiento y pensamiento más eficaz que el modelo lineal con el cual actúan la gran mayoría de las personas y las sociedades.

El presente libro se divide en cinco partes. La primera parte es una descripción teórica del avance en los diferentes campos teóricos relacionados al liderazgo y está expresada y resumida en los conceptos de Pensamiento Sistémico, Teoría del Caos y Física Cuántica.

En la segunda parte hacemos una parada en el ambiente y orden social donde debe desenvolverse el líder cuántico, abarcando desde la empresa, pasando por las instituciones, la sociedad y terminando en la nueva economía.

En la tercera parte analizamos específicamente el liderazgo cuántico desde una perspectiva organizacional y empresarial.

En la cuarta parte explicamos al Arquetipo del Nuevo Líder y sus características.

En la quinta parte exponemos el modelo cuántico como una expresión conceptual y práctica para la adopción del Liderazgo Cuántico ya sea en el área social, empresarial y/o personal.

Es importante señalar que por temas de facilidad utilizamos el término Hombre u hombre; sin embargo recalcamos que el concepto es genérico e implica tanto al hombre como a la mujer..

PRIMERA PARTE
MARCO CONCEPTUAL

Este nuevo liderazgo no puede ser bien comprendido sin una visión de los principales aspectos del avance del pensamiento humano y científico global. Por ello, y para comprender mejor este modelo conceptual, pasamos a resumir las teorías y enfoques científicos que forman el cimiento de la visión del liderazgo señalado en el presente libro. Estos enfoques científicos nos ayudan a comprender y desarrollar el modelo mental que nos conduce hacia el desarrollo del nuevo liderazgo, al cual llamamos cuántico.

El Pensamiento Sistémico

El Pensamiento Sistémico es la actitud del ser humano que se basa en la percepción del mundo real en términos de totalidades para su análisis, comprensión y accionar, a diferencia del planteamiento del método científico, que sólo percibe partes de éste y de manera inconexa.

El Pensamiento Sistémico tiene cualidades únicas que lo hace una herramienta invaluable para modelar sistemas actuales, que llamamos sistemas complejos:

- Enfatiza la observación del todo y no solo de sus partes.
- Es un lenguaje integral en vez de lineal.
- Tiene un conjunto de reglas precisas que reducen las ambigüedades y problemas de comunicación que generan las situaciones complejas.
- Contiene herramientas visuales (también utiliza el hemisferio derecho del cerebro) para observar el comportamiento del modelo.
- Abre una ventana en nuestro pensamiento que convierte las

percepciones individuales en imágenes explícitas que dan sentido a los puntos de vista de cada persona involucrada.

El enfoque del Pensamiento Sistémico es fundamentalmente diferente a la de la forma tradicional de análisis. El análisis tradicional se centra en la separación de las piezas individuales de lo que está siendo estudiado; de hecho, la palabra "análisis" proviene de la raíz que significa "separar en partes constituyentes". El Pensamiento Sistémico, por el contrario, se centra en cómo interactúa la cosa estudiada con los otros componentes del sistema — un conjunto de elementos que interactúan para producir un determinado comportamiento — de lo cual este es una parte. Esto significa que en vez de aislar las partes más pequeñas del sistema a ser estudiado, el pensamiento sistémico trabaja ampliando su visión tomando en cuenta un mayor número de interacciones dentro el problema que está siendo estudiado. Esto se traduce a veces en sorprendentemente distintas conclusiones que las generadas por las formas tradicionales de análisis, especialmente cuando lo que está siendo estudiado es dinámicamente complejo (ver más abajo la definición de sistema dinámico complejo).

El carácter del Pensamiento Sistémico hace a este extremadamente eficaz en los tipos más difíciles de problemas a resolver: aquellos que involucran cuestiones complejas, aquellos que dependen mucho de la dependencia en el pasado o de las acciones de los demás y los problemas derivados de la coordinación ineficaz entre las personas involucradas.

El pensamiento sistémico aparece formalmente hace unos 80 años atrás, a partir de los cuestionamientos que desde el campo de la Biología hizo Ludwing Von Bertalanffy, quien cuestionó la aplicación del método científico en los problemas de la Biología, debido a que éste se basaba en una visión mecanicista y causal, que lo hacía débil como esquema para la explicación de los grandes problemas que se dan en los sistemas vivos.

Este cuestionamiento lo llevó a plantear un reformulamiento global en el paradigma intelectual para entender mejor el mundo que nos rodea. Este cuestionamiento hizo surgir formalmente el paradigma de sistemas.

El Pensamiento Sistémico es integrador, tanto en el análisis de las situaciones como en las conclusiones que nacen a partir de allí, proponiendo soluciones en las cuales se tienen que considerar diversos elementos y relaciones que conforman la estructura de lo que se define como "sistema", así como también de todo aquello que conforma el entorno del sistema definido. La base filosófica que sustenta esta posición es el Holismo (del griego holos = entero).

Teoría de los sistemas autopoiéticos y autorreferentes

El primer aspecto de interés en esta visión sistémica se refiere al concepto mismo de cualquier organización entendida como sistema autopoiético y autorreferente, que se produce y auto-reproduce por medio de las comunicaciones y, más específicamente, de las decisiones. El sistema, desde esta perspectiva, se define siempre respecto a un determinado entorno (la física cuántica indica que una realidad se define a partir de un observador). En efecto, el entender las organizaciones o sociedades como sistemas autopoiéticos supone el asumir que el comportamiento organizacional o social está determinado por la dinámica interna de la organización o sociedad y por los requerimientos del entorno.

Para Maturana y Varela (1991) los sistemas autopoiéticos no sólo se orientan ocasionalmente o por adaptación hacia su entorno, sino de manera estructural. Por tanto, el objetivo final de los sistemas autopoiéticos es producirse a sí mismos: su propia organización e identidad es su producto más importante. Por otro lado, las organizaciones son sistemas autorreferentes, es decir, tienen la capacidad de establecer relaciones internas y de diferenciar estas relaciones de las relaciones con su entorno. Esta concepción nos lleva a la explicación de las organizaciones en un tipo de relación con su medio ambiente o entorno de carácter cerrado desde el punto de vista del marco cognoscitivo que es considerado por la organización, pero abierto desde el punto de vista del intercambio de energía. Maturana y Varela (1991) señalan que los sistemas autopoiéticos y autorreferentes se esfuerzan por mantener su identidad subordinando todos los cambios al mantenimiento de su propia organización. Son auto-referenciales al no poder entrar en interrelación con elementos que no están especificados en el modelo de relaciones que definen su organización (o su auto identificación). Así, la organización o sociedad toma aquellos elementos que facilitan su propia auto-producción y se cierra a aquellos no contemplados en su conjunto de relaciones.

Este concepto de sistema cerrado-autorreferente no está en contradicción con la apertura al entorno del sistema; el cierre supone más bien una manera de ampliar los posibles contactos con el entorno, ya que el operar de la organización se hace más selectivo. Con esto no se quiere decir que el entorno dependa del sistema o que el sistema pueda disponer a voluntad de su entorno, sino que "a cada sistema le corresponde su entorno como un conjunto complejo de relaciones cambiantes sistema/entorno" (Luhmann, 1990:53).

El segundo aspecto de interés en esta visión sistémica se refiere al reconocimiento de la complejidad (Ashby, 1977; Luhmann, 1983; Simon, 1969), entendida como la sobreabundancia de relaciones, de posibilidades, de conexiones. Según Ashby (1977), los sistemas se ven enfrentados a una cantidad infinita de estímulos, sin embargo, no tienen la capacidad de establecer una relación punto a punto con cada uno de ellos. En efecto, la organización sólo tiene la posibilidad de seleccionar parte de los estímulos ambientales, aquellos frente a los cuales puede ofrecer una respuesta concreta ("principio de constricción").

Por otro lado, aquellas organizaciones que tienen una mayor capacidad de generar variedad interna pueden ofrecer una gama mayor de respuestas a las demandas del medio ambiente ("principio de variedad"). Como nos señala Ashby la complejidad sólo podrá reducirse en tanto se dé una mayor complejidad. "Sólo el aumento de complejidad puede llevar a una reducción de la complejidad... la variedad puede destruirse sólo por medio de la variedad" (Ashby, 1977).

Esto plantea para los sistemas organizacionales, sociales o individuales un doble requisito: por una parte, deben ser capaces de generar la suficiente variedad interna para hacer frente a la infinita variedad del medio ambiente ("requisito de variedad") y, por otra, deben ser capaces también de diseñar mecanismos reductores de variedad. Éstos cumplen con la función de seleccionar aquellos estímulos significativos para el sistema, dejando de lado los que se consideran como irrelevantes. Así pues, la organización o sociedad reduce la complejidad formando un orden con menos posibilidades, lo que permite aumentar la capacidad y rapidez de respuesta a las demandas del entorno.

Finalmente, dentro de este enfoque, un aspecto importante es el referido a los límites de una organización. Aquí, los límites organizacionales no son de naturaleza física sino que son límites de aquello que puede ser relevante en términos de sentido. Por otra parte, el sentido se convierte en un poderoso instrumento reductor de variedad, ya que aquello que cae fuera del sentido deja de ser relevante y, por tanto, digno de ser considerado por la organización o sociedad. Sin embargo, "lo notorio de esta forma de reducción, que actúa como procuradora de sentido es que brinda ciertamente una selección y elimina otras posibilidades, pero a un mismo tiempo las deja pervivir en cuanto tales posibilidades" (Luhmann, 1983). En otras palabras, el sentido se constituye en la gran estrategia selectiva de la organización o sociedad, lo que le permite reducir la complejidad (infinitas posibilidades) del entorno y, al mismo tiempo, le permite mantener "latente" un mundo de posibilidades que pueden emerger como significativas si el estado ("sentido") de la organización o sociedad así lo requieren.

Autopoiésis, autorreferencia, complejidad y sentido, son pues los aspectos centrales de esta perspectiva sistémica. Organización tiene un significado muy amplio que abarca en especial al ser humano mismo.

Sistemas dinámicos no lineales

> "No resolveremos nuestros problemas con el mismo tipo de pensamiento que utilizamos cuando los creamos"
> Albert Einstein

El campo de los Sistemas Dinámicos (SD) fue fundado en la década de 1960 en el Instituto Tecnológico de Massachusetts (MIT) por el profesor Jay Forrester. El Prof. Forrester ganó gran respeto por su trabajo en el campo de la informática digital después de la Segunda Guerra Mundial. Cuando le ofrecieron la oportunidad de cambiarse a la Escuela de Gestión Sloan del MIT, el profesor Forrester estuvo de acuerdo. En esta escuela le solicitaron que busque métodos más "científicos" para la administración de empresas. Forrester resumió su metodología en: "La Empresa Dinámica (Business Dynamics)", publicado en 1961. Este texto explicó los muchos modos de comportamiento que se encuentran en los sistemas empresariales y fue muy bien recibido en las empresas y en los círculos académicos. Tras el lanzamiento de "Business Dynamics", los partidarios de SD aumentaron y el profesor Forrester creó todo un departamento en el MIT dedicado a esta metodología y sus aplicaciones. Este grupo abrió el camino para nuevas investigaciones de SD en otros sistemas o campos, como ser la dinámica urbana, que describe modelos sociales dinámicos.

Dado que el manejar los sistemas puede ser una tarea extremadamente compleja, el enfoque científico de los Sistemas Dinámicos (SD) fue creado para controlar la complejidad de problemas reales. El mundo moderno es complejo, interconectado y cambiante. La premisa básica de un Sistema Dinámico es que las relaciones entre los factores en el sistema exhiben un comportamiento no lineal. Esta no linealidad en las relaciones a menudo se ve agravada por varios mecanismos dinámicos, incluyendo el retraso y complejidad de la información. Como resultado el comportamiento de un Sistema Complejo Dinámico es intrínsecamente difícil de prever y entender. Es para manejar la complejidad de los sistemas y establecer relaciones matemáticas entre los componentes de los mismos y organizar sus relaciones que fue creada la Metodología de Sistemas Dinámicos.

Un sistema dinámico es un sistema complejo que presenta un cambio o evolución de su estado en un tiempo, el comportamiento en dicho estado se puede caracterizar determinando los límites del sistema, los elementos y sus relaciones; de esta forma se puede elaborar modelos que buscan representar la estructura del mismo sistema.

En cuanto a la elaboración de los modelos, los elementos y sus relaciones, se debe tener en cuenta:
1. Un sistema está formado por un conjunto de elementos en interacción.
2. El comportamiento del sistema se puede mostrar a través de diagramas causales.
3. Hay varios tipos de variables: variables exógenas (son aquellas que afectan al sistema sin que éste las provoque) y las variables endógenas (afectan al sistema pero éste sí las provoca).

Teoría de los Sistemas Complejos

Los Sistemas Complejos se caracterizan por su comportamiento rico y por la emergencia de auto-organización: de sus muchos elementos interrelacionados emergen o se organizan aspectos no esperados, que rompen las rutinas y expectativas ordinarias. Abundan tanto en las ciencias naturales (Física, Biología, Química) como en las ciencias sociales (Economía, Sociología).

La premisa básica de la Teoría de la Complejidad es que hay un orden oculto en el comportamiento (y evolución) de los sistemas complejos, sea este sistema una economía nacional, un ecosistema, una organización, o una sociedad. De acuerdo a David Berreby (2008), la organización de los sistemas no es casual, sino que es resultado de las leyes de la naturaleza que no acabamos aún de entender plenamente. Una vez entendido esto, los líderes aprenderán que si se dejan a los sistemas funcionar de acuerdo a sus propias leyes, los sistemas se auto organizan.

La teoría de la complejidad considera que rasgos específicos son compartidos por los sistemas más complejos. Estos sistemas son la combinación de muchos agentes independientes que se comportan como una sola unidad. Estos agentes responden a su entorno. Todas estas "redes" actúan como un único sistema compuesto de muchos componentes que interactúan. Esta Teoría de la complejidad trata de explicar cómo incluso millones de agentes independientes pueden, no intencionalmente, mostrar patrones de comportamiento y propiedades que, aunque están presentes en el sistema general, no están presentes en cualquiera de los componentes individuales de ese sistema.

Los Sistemas Complejos de Adaptación (CAS)

CAS es un sistema de agentes individuales, que tienen la libertad de actuar de manera que no siempre son totalmente predecibles, y cuyas acciones están interconectadas tal que la acción de un agente cambia el contexto de otros agentes. Ejemplos de sistemas adaptativos complejos: la bolsa, una colonia de hormigas, el sistema inmunitario del cuerpo humano y casi cualquier colección de seres humanos como: una industria, una organización empresarial, un departamento dentro de una organización, un equipo, un grupo de la Iglesia, o una familia.

En un CAS, los agentes operan de acuerdo con sus propias estrategias internas o modelos mentales (el término técnico es "esquemas"). En otras palabras, cada agente puede tener sus propias reglas para responder a las cosas en su entorno; cada agente puede tener sus propias interpretaciones de los eventos. Estas normas e interpretaciones no necesitan ser explícitas. No es necesario, incluso ni lógico, cuando es visto por otro agente. Estas son claramente las características de los seres humanos en casi cualquier sistema social.

Los agentes pueden compartir modelos mentales, o ser totalmente individualistas. Además, los agentes pueden cambiar sus modelos mentales. Dado que los agentes pueden cambiarse a sí mismos y compartir modelos mentales, un CAS puede aprender; su comportamiento puede adaptarse con el tiempo. Claramente sabemos que las organizaciones humanas cambian con el tiempo y son capaces de progresar.

El comportamiento de un CAS surge de la interacción entre los agentes. Un CAS puede presentar nuevos comportamientos; pero por lo general no lo hace. Debido a la interacción, el comportamiento del sistema también es no lineal; aparentemente pequeños cambios pueden provocar grandes cambios en el comportamiento del sistema. Si reflexionamos sobre esto, probablemente podemos ver muchos ejemplos de estos comportamientos en los sistemas humanos, sorprendiéndonos por lo general cuando ocurren. Sin embargo, cuando aprendemos a ver los sistemas a través del lente de CAS, estos comportamientos no resultan sorprendentes.

Debido a la no linealidad, el comportamiento detallado de un CAS es fundamentalmente impredecible. No es una cuestión de mejor el entendimiento de los agentes, mejorar los modelos o contar con computadoras más rápidas; no se puede simplemente predecir confiablemente el comportamiento detallado de un CAS mediante el análisis. Se debe permitir que el sistema esté en actividad para ver lo que sucede. La consecuencia de esto es que nunca podemos esperar predecir el comportamiento detallado de un sistema humano. Aunque esto parece obvio, debemos tener en cuenta la frecuencia con la que gerentes y líderes, o nosotros mismos actuamos como si estuviésemos seguros de conocer acerca de cómo otros deben actuar en respuesta a nuestras acciones.

A pesar de esta falta de previsibilidad detallada, a menudo es posible hacer declaraciones generalmente verdaderas, prácticamente útiles sobre el comportamiento de un CAS. Por ejemplo, si bien podemos predecir la temperatura exacta en La Paz a las 4: 49 pm el 4 de agosto, podemos decir que es bastante probable que un viajero allí no necesite un abrigo pesado. Esto nos da alguna esperanza en los sistemas humanos, pero tenemos que tener cuidado de no sobreestimar nuestra capacidad para predecir lo que ocurrirá. La sobrevaloración es el error habitual que todos hacemos; si nunca hemos sido sorprendidos por cómo ha resultado algo, hemos caído en la trampa de la sobrevaloración.

Stuart Kauffman, Ilya Prigogine y otros han demostrado que un CAS es inherentemente auto organizado. El orden es una propiedad intrínseca del sistema; no tiene que imponerse desde fuera. Además, en un CAS, el control está disperso a lo largo de las interacciones entre agentes; no es necesario un controlador central. Sin embargo, la mayor parte de la teoría de gestión tradicional es acerca de cómo establecer el orden y el control a través de las acciones de unas pocas personas en la parte superior de una jerarquía organizativa. Este instinto de gestión, que todos hemos aprendido, puede ser el factor más grande que frena el progreso en nuestras organizaciones, nuestras naciones o de nosotros mismos.

En resumen, los puntos clave de la teoría de sistemas adaptativos complejos son:

- Agentes individuales
- La interpretación y la acción se basa en modelos mentales
- Los agentes pueden tener sus propios modelos mentales o pueden compartir estos.
- Pueden cambiar los modelos mentales; es decir, el aprendizaje es posible dadas las interconexiones entre agentes.
- Las acciones de un agente cambia el contexto para otros.
- El comportamiento del sistema surge de la interacción entre agentes.
- El sistema puede presentar un nuevo comportamiento.
- El sistema es no lineal; insumos pequeños pueden conducir a

oscilaciones de los principales resultados.
- El comportamiento del sistema es fundamentalmente impredecible en el nivel de detalle.
- A veces es posible generalizar la predicción del comportamiento del sistema.
- El orden es una propiedad intrínseca del sistema, no necesita imponerse.

La Teoría del Caos

El enfoque del Caos es un enfoque adecuado para los tiempos actuales. Desde el punto de vista de las ciencias aplicadas, la teoría del Caos ha de ser entendida como una nueva herramienta de análisis que nos permite afrontar problemas que hasta ahora eran inabordables o difícilmente analizables por otras teorías.

La Teoría del Caos comenzó como un campo de la física y de las matemáticas que tratan con las estructuras de turbulencia y las formas auto-similares de geometría fractal. Popularmente el Caos se conoce a partir de Edward Lorenz del MIT, un meteorólogo que simulaba los patrones del clima en computadora. Al ver y analizar ciertos patrones particulares, Lorenz quería recuperar los datos iniciales de su análisis, por lo cual reinició el programa nuevamente, excepto que esta vez utilizó los valores redondeados a 3 lugares en lugar de los 6 originales. Él se sorprendió al encontrar un resultado completamente diferente. El gráfico del resultado tenía un parecido a una mariposa, por ello esto se conoce como el "efecto mariposa" y a menudo se utiliza en la literatura para referirse a la complejidad y la impredecibilidad. Por lo tanto, en la Teoría del Caos, el efecto mariposa ("The Butterfly Effect"), se refiere al descubrimiento de que en un sistema caótico, como el clima global, las diminutas perturbaciones en el sistema pueden a veces llevar a grandes cambios en el sistema general. Es teóricamente posible que un ligero aumento de la temperatura en el océano en la costa de Chile o Perú cree pequeños cambios en el flujo de aire que eventualmente conducirían a diferentes condiciones climáticas en América del Norte y Europa. En la mayoría de los casos el ligero cambio no haría ninguna diferencia alguna, pero cuando el sistema es impredecible en un cierto momento, el futuro puede desarrollarse de modo muy diferente, dependiendo de qué poca diferencia ocurrió.

La Teoría del Caos es similar a la teoría de la Gestalt; donde el conjunto es mayor que la suma de sus partes. También es similar a la teoría de sistemas, dado que la Teoría del Caos sólo se ocupa de sistemas.

Muchos parecen considerar el caos como desorden. Tal vez es un mal nombre, porque Caos nos hace pensar en anarquía, aleatoriedad, o una situación que está fuera de control. Pero el verdadero significado de la Teoría del Caos es diferente.

La teoría se ocupa de los procesos naturales, expresados en términos de fórmulas matemáticas, cálculos que son prácticamente imposibles sin computadores. Los Sistemas Caóticos están representados por ecuaciones diferenciales no lineales, que se ocupan de fenómenos naturales como la turbulencia del agua, fricción, o los mercados financieros. A diferencia de las ecuaciones lineales que se comportan de manera predecible, los Sistemas Caóticos están representados por ecuaciones diferenciales no lineales que cambian abruptamente o discontinuamente. En una ecuación no lineal, un pequeño cambio en una variable puede tener un efecto desproporcionado, a veces catastrófico en otras variables. Las ecuaciones no lineales revelan saltos, bucles, recursiones y todo tipo de turbulencia (Briggs & Peat, 1990).

Las características de un Sistema Caótico son las siguientes:

a. Sensibilidad a condiciones iniciales. Como en el caso de trabajo de Lorenz, un sistema complejo reacciona a diferentes variables de maneras impredecibles. Incluso, si el sistema es complejo, partiendo en un modelo con las mismas, exactas o ligeramente diferentes variables, no dará los mismos resultados.

b. Irreversibilidad del tiempo. En un sistema complejo, nunca hay el mismo contexto dos veces. Así, un negocio o un grupo social con esencialmente idénticas personas y características similares nunca realizarán exactamente lo mismo que otro (o sí mismo). Una analogía filosófica que a menudo se utiliza para explicar esto es: "Nunca pisamos el mismo río dos veces", lo que significa que el sistema nunca es exactamente el mismo. El agua que se cruza es diferente al de hace un momento o instantes más tarde.

c. Atractores extraños. Los atractores en Teoría del Caos son como la influencia de la gravedad. Son el conjunto de valores en el "espacio de fase" hacia los cuales un sistema migra con el tiempo; también se llaman islas de estabilidad (posibles estados de un sistema dinámico). Existe la idea de que cualquier organización tiene "atractores" que provocan el comportamiento de la organización para modificarse con el tiempo, dependiendo de los factores sociales, económicos o de otras fuerzas de unidad del sistema presentes en un momento dado y de cómo interactúan estos.

d. Formas de fractal. Un fractal es cualquier curva o superficie que es independiente de la escala. Cualquier segmento, si se magnifica en escala, aparece idéntico a la curva total. En la analogía de la sociedad, una forma de estructura social puede ser examinada en relación a las características de todo el sistema a nivel macro y micro.

e. Bifurcación. Bifurcación es la repentina aparición de cualitativamente diferentes soluciones a las ecuaciones para un sistema no lineal cuando un parámetro es modificado. En una organización, pueden surgir dos patrones (grupos) diferentes para resolver un problema de forma diferente, a medida que aumenta la complejidad. Esto se recomienda a menudo como una fuente de creatividad.

La teoría del caos señala que las organizaciones y sociedades son sistemas adaptativos complejos que tienen comportamientos similares a los encontrados en la naturaleza: etapas diferentes entre estabilidad y caos.

El Universo Cuántico

Schrödinger, Bohr, Heisenberg y algunos otros científicos de la mecánica cuántica constataron que las partículas más pequeñas de la materia no son materia tal como la conocemos, es decir, algo sólido que se pueda tocar o describir. Lo que es más, ni siquiera son algo establecido, sino que unas veces son una cosa y otras veces otra completamente diferente. Y de manera aún más extraña, a menudo son varias cosas diferentes a la vez.

Las entidades subatómicas pueden comportarse como partículas (cosas precisas) o bien como ondas (difusas y sin límites, que pueden fluir a través de otras ondas). Este hecho muestra el universo como un espectro amplísimo de posibilidades, de las cuales sólo algunas se materializan. Tal materialización recibe el nombre técnico de "colapso de la función onda", donde "función onda" significa el estado abierto a todas las posibilidades. De este modo, la física cuántica abre una ventana hacia el descubrimiento de sistemas dinámicos en continuo estado de flujo. Lo que todo esto revela es que, analizado al nivel más fundamental, el mundo y sus relaciones se encuentran en un estado de puro potencial, de infinitas posibilidades.

La física newtoniana o clásica consideraba al experimentador como una entidad separada, un observador tratando de comprender un universo que seguiría ahí tanto si él lo observaba como si no. Sin embargo, la física cuántica descubrió que el estado probabilístico de cualquier partícula se colapsa en una entidad fija en cuanto es observada o medida. Una partícula sólo tiene cierta "probabilidad" de existir, y el acto de observarla y medirla puede obligarla a adoptar un estado determinado. Lo cual sugiere que, en cierto sentido, la conciencia del observador "trae al ser" el objeto observado. En suma, nada en el universo existe como una "cosa fija" independiente de un observador.

Pero quizá lo más significativo es que las partículas subatómicas no tienen sentido aisladas unas de otras, sino tan sólo en relación con todo aquello que las rodea. Al nivel más fundamental, la materia es completamente indivisible: sólo podemos entender el universo como una trama de interconexiones. Un electrón puede estar en contacto con todas las cosas del mundo simultáneamente; posee, asimismo, un campo de influencia sobre todas las cosas, y viceversa.

El mundo Holográfico

Hay indicios que sugieren que nuestro mundo y todo lo que contiene son imágenes solamente, proyecciones de un nivel de realidad tan alejado del nuestro que está literalmente más allá del espacio y del tiempo. En pocas palabras, hay indicios de que nuestro universo mismo es una especie de holograma.

Los principales teóricos de esta asombrosa idea son dos de los pensadores más eminentes del mundo: David Bohm, físico de la Universidad de Londres y uno de los físicos teóricos más respetados, y Karl Pribram, un neurofisiólogo de la Universidad de Standford. Bohm se convenció de la naturaleza holográfica del universo tras años de insatisfacción con la incapacidad de las teorías clásicas para explicar los fenómenos que encontraba en la física cuántica. Pribram se convenció por el fracaso de las teorías clásicas del cerebro para explicar varios enigmas neurofisiológicos. Sin embargo, una vez que formaron sus opiniones, Bohm y Pribram se dieron cuenta enseguida de que el modelo holográfico explicaba también otros muchos misterios, entre los que se cuentan la aparente incapacidad de cualquier teoría, por exhaustiva que fuera, para explicar todos los fenómenos de la naturaleza. Pero lo más asombroso del modelo holográfico era que de repente hacía que cobrara sentido una amplia gama de fenómenos tan difíciles de entender que habían sido encuadrados por lo general fuera del ámbito de la interpretación científica.

Karl Pribran postula lo siguiente: "Nuestro cerebro construye matemáticamente la realidad interpretando frecuencias que vienen de otra dimensión, dominio de realidad significante, primariamente arquetípica, que transciende el tiempo y el espacio. El cerebro es un holograma interpretando un universo holográfico".

David Bohm postula que el holograma es el punto de partida de una nueva descripción de la realidad: el orden implícito. La realidad "clásica" está centrada sobre las manifestaciones secundarias, el aspecto explícito de las cosas y no su fuente. Estas apariencias son, si se pudiera decir, extraídas (o más exactamente abstraídas) de un intangible, invisible flujo que no está compuesto de partes, y que no se puede describir sino como "un estado de interconexión inseparable". Bohm agrega que las leyes físicas primarias no serán descubiertas jamás por una ciencia que ensaya "quebrar el mundo en sus constituyentes". No hay entonces donde buscar las energías que transmiten los "fenómenos parapsicológicos" porque la matriz transciende el tiempo y el espacio: ella es potencialmente simultánea y ubicua u omnipresente. (artículo anónimo).

El universo es como un holograma, es decir, un ámbito de frecuencias y de potencialidades sustentando la ilusión de algo concreto.

En resumen, la física duda de la existencia de la realidad objetiva y construye un nuevo modelo del mundo basado en la holografía en el que los electrones de los átomos del cerebro humano aparecen conectados a las partículas subatómicas de cada salmón que nada, de cada corazón que late, o de cada estrella que brilla en el firmamento. El modelo holográfico implica también al funcionamiento cerebral y a los comportamientos psicológicos, alumbrando una forma radicalmente nueva de ver la realidad basada en que la percepción es sólo lo que pintamos como tal (artículo anónimo).

SEGUNDA PARTE
EL ENTORNO CAOTICO DEL LIDER CUANTICO

La complejidad en que se nos desenvolvemos en siglo XXI y la velocidad del cambio en el entorno son tan brutales que no es posible manejarlos con los paradigmas mecanicistas actuales, esta tarea debe ser abordada desde un paradigma holístico, es decir desde una visión integradora. Se concibe el proceso investigativo como un devenir a través de diferentes niveles de conocimiento; en este devenir, el conocimiento anterior no queda desechado completamente, sino que se integra dentro de una nueva comprensión, pues ha sido la tarea evolutiva necesaria para alcanzar el nuevo aprendizaje.

Dentro este paradigma holístico-caótico, la Teoría del Caos es tan fundamentalmente diferente de la forma que se veía previamente a la dinámica de los sistemas naturales y sociales que un por completo nuevo paradigma para el proceso del conocimiento es requerido. Los elementos principales de este nuevo paradigma (Heisenberg, 1997), incluyen: 1) la no linealidad pero auto similitud (self-similarity) de la dinámica de los sistemas, 2), transformaciones cualitativas hacia los estados dinámicos, 3), progresivamente resultados más complejos, así como 4), la aparición de nuevas formas de orden que surgen de los regímenes más caóticos. Los principios de la Teoría de Caos describen el comportamiento dinámico de sistemas y no tanto de relaciones causales, lo cual se torna imposible de medir.

El modelo del caos introduce la idea de que el azar, las condiciones cambiantes y la creatividad pueden introducirse en cualquier momento en un sistema complejo y alterar su curso. Nuestra nueva realidad, aparentemente caótica, debe ser analizada desde una perspectiva de los "sistemas complejos y adaptables" (CAS, en inglés) parecidos a los sistemas de autocorrección y re acomodación no lineal que tanto abundan en la naturaleza.

Nueva comunidad

La gente hoy quiere esperanza y las comunidades necesitan evolución y transformación. El paradigma no es tanto el éxito, sino la felicidad. Para ello es indispensable la innovación, la creatividad y un gran potencial de liderazgo. Solo los dirigentes o gobernantes competentes con alta capacidad de persuasión son capaces de generar confianza e ilusión (Maurice Nicolle, 1940). Para ello se necesita una dosis de "arte" como nos lo enseñó el genio de la tecnología Steve Jobs.

Nueva Economía

Una de los métodos para explicar los cambios aparentemente aleatorios de las variables económicas corresponde a la teoría de caos, según esta teoría existen evidencias para pensar que los agentes económicos asumen conductas que se reflejan en las variables macroeconómicas de manera parecida a procesos caóticos, los cuales pueden ser explicados usando modelos no lineales. La teoría del caos presenta una interesante perspectiva desde el punto de vista económico, principalmente en la explicación de fenómenos que aparentan tener un comportamiento desordenado. Detrás de ese aparente desorden, existe una dinámica que puede ser explicada usando apropiadas técnicas matemáticas y estadísticas, propias de esta teoría (Wompner G., F.H., 2008). En sistemas dinámicos como los económicos, los cuales cambian constantemente en el tiempo, cambios minúsculos en un momento dado, pueden ser los causantes de grandes consecuencias en un futuro.

La aplicación del caos en la economía implicaría la falta de seguridad en la predicción del comportamiento de las variables económicas (Llaugel, 2005). El concepto que prevalece es que el caos en principio, por ser aparentemente desordenado, es impredecible su evolución. Diversos estudios han demostrado que un proceso caótico aunque es impredecible, es controlable.

De todas estas consideraciones se deduce claramente la dicotomía "linealidad" frente a "no linealidad". Este es un tema especialmente importante en la economía puesto que, salvo en la década de los cincuenta del siglo pasado marcada por el uso de los modelos no lineales, durante la mayor parte de la historia del pensamiento económico, y debido a que su consolidación como ciencia coincide con la época en la que está en auge la visión del mundo determinista y el paradigma newtoniano en la física que era considerada como la ciencia exacta por excelencia, han predominado los modelos lineales (Wompner G., F.H., 2008). Esta visión del mundo económico supone que una economía puede describirse por medio de relaciones funcionales lineales o cuasi-lineales y que todos los efectos de las no linealidades son considerados como irregularidades.

Los sistemas económicos pueden considerarse sistemas complejos adaptativos. Esta versión de los sistemas económicos está en estrecha relación con el concepto de los sistemas dinámicos evolutivos de Prigogine. Para Prigogine la realidad tiene un carácter puramente evolutivo e irreversible, esta descripción evolutiva de la realidad está asociada con la entropía. No obstante, la irreversibilidad ya no se asocia sólo a un aumento del desorden, por el contrario, los desarrollos más recientes de la dinámica del no-equilibrio muestran que aquella puede conducir a la vez al desorden y al orden.

Además de ser la nueva economía caótica, también consideramos que la misma es una economía del conocimiento. La economía del conocimiento guarda una estrecha relación con el concepto de Sociedad del Conocimiento, debido al cambio en la base de la producción que esto representa.

La clave de la economía del conocimiento está en crear un valor agregado a lo que ofrece, que en su mayoría se trata de servicios. Es decir, no se inventa por ejemplo, una nueva calculadora, sino que ese aparato ofrece un servicio especial para el estudiante de ingeniería al ayudarle a resolver operaciones de una manera más rápida y facilitar su aprendizaje.

El conocimiento no es solamente mera información, se trata de un proceso continuo de construcción, creación y participación en los que se genera utilidad y valor agregado a cada una de las economías. Esto implica el llamado "Saber hacer" y el "Saber cómo", que habla no sólo de productos o servicios, sino de experiencia, calidad, satisfacción de cliente e innovación constante, que genera ese valor agregado que desde un principio plantea la economía del conocimiento (Javier Carrillo, 2005).

Dentro este contexto caótico y del conocimiento y desde una visión filosófica, la Nueva Economía se basa en el siguiente principio: Todos los hombres son similares, pero ninguno igual a otro.

En aspectos más concretos, el Líder Cuántico considera que sus bienes materiales y las ganancias que éstos le reportan no le pertenecen enteramente, y comprende que es necesario desterrar el concepto de posesión si se desea eliminar del mundo las miserias y las calamidades que lo afligen.

La Nueva Economía indica que dar es recibir y que la felicidad de uno es incompleta sin la felicidad de todos.

La Nueva Economía señala que hay en el hombre una fuente permanente de posibilidades de bienes de toda clase y, entre éstas, de bienes materiales. Esta fuente anímica es continuamente taponada por la sobrecarga de ideas de necesidades no reales. Liberarse de la preocupación egoísta de sí es dejar que el agua de las posibilidades brote ampliamente (Santiago Bovisio).

La Nueva Economía "no es darlo todo, hacerse mendigo profesional, despreciar todas las comodidades y los bienes que son inherentes a la vida del hombre, sino es saber ocupar su propio lugar en el mundo y no dos lugares" (Santiago Bovisio).

La Nueva Economía sostiene que el hombre necesita, según su actuación y capacidad, su casa propia, sus herramientas de trabajo, sus animales domésticos, sus libros de estudio, sus elementos alimenticios vitales (Santiago Bovisio). El técnico necesita su laboratorio y el organizador su fábrica, el sacerdote su iglesia, el sastre su máquina de coser y el navegante su barca.

La Nueva Economía ha de ser practicada empezando con la familia. Las obligaciones con aquellos que dependen de uno han de ser espontáneas. Dar, siempre dar el máximo, ha de ser el lema de los padres, de los hijos, de los hermanos, de los familiares.

El líder no da una caridad voluntaria, sino se impone, por sí solo una obligación sagrada y solemne de darse a sí, para que aquellos que no tienen todo lo necesario puedan romper las barreras propias y así procurarse una vida digna. El líder no da pescado, enseña a pescar y crea las condiciones para que la pesca sea posible para todos.

El problema económico sólo puede ser solucionado si se lo traslada al nivel holístico, quiere decir, no son dos problemas el pan material y el pan espiritual, sino uno solo. Es tan importante comer como saber; ser como hacer. No se podrá solucionar el aspecto espiritual del hombre si no se solucionan sus dificultades económicas (Santiago Bovisio).

La Empresa Intuitiva

La era que está pasando es la Era de la Información, y estamos entrando a la Era Intuitiva.

Epistemológicamente la intuición es un conocimiento que se adquiere sin la necesidad de emplear un análisis o un razonamiento anterior. La intuición es evidente por lo que es una consecuencia directa de la intervención del subconsciente en la solución de conflictos netamente racionales que se presentan en la cotidianidad. Esto crea la habilidad como un sexto sentido que nos ayuda a navegar exitosamente a través del mundo al darnos la capacidad de visualizar los resultados futuros de nuestras acciones.

Entonces la Empresa Intuitiva es aquella cuyos líderes actúan basándose en su propia intuición, y la característica más importantes y consistente de este tipo de empresas es la habilidad de desaprender rápidamente tanto como re-aprender, por lo tanto botar ideas propias y cambiarlas por nuevas ideas que sea ajustan a mercados y realidades cambiantes.

La Empresa Intuitiva es un paso más allá de la empresa Inteligente o Empresa del Conocimiento. Intuición es mucho más que información o gestión del conocimiento. La gestión del conocimiento es solo el primer paso. La gestión del conocimiento es la habilidad de unir información estructurado y no estructurada con las reglas de cambio por las cuales las personas las aplican.

Las diferencias entre intuición y gestión del conocimiento, según Thomas Koulopoulos, son:

- Gestión de la información es la organización estructurada de datos predefinidos.
- Inteligencia o intelecto es la aplicación del conocimiento dentro un contexto determinado y conocido.
- Intuición es la aplicación espontánea de inteligencia adquirida y latente a situaciones desconocidas con un contexto no especificado.

Intuición empresarial extiende la gestión del conocimiento en dos formas:
- Disminuye la dependencia de la empresa en su memoria de como las cosas se hacían o hacen, y mejora la habilidad de la empresa de

responder a los cambios repentinos.
• Difunde la inteligencia de posiciones centralizadas de autoridad a través de toda la organización, logrando una respuesta inteligente universal dentro la organización.

La memoria organizacional se refiere al conocimiento y la dependencia de la organización en sus múltiples experiencias pasadas, prácticas y actitudes.

A diferencia de las empresas del conocimiento, la empresa intuitiva se basa en el instinto empresarial en lugar de la memoria empresarial. Una fuerte memoria empresarial puede convertirse en un canal que restringe a la empresa y la lleva hacia un único y simple corriente de pensamiento, haciendo que sea difícil moverse hacia un nuevo mercado y tomar ventaja de nuevas oportunidades. *Es importante que la empresa pueda vencer su memoria corporativa a través de enfocarse en su sensibilización/reacción interna y externa, permitiendo que ella acelere la velocidad de su innovación y compita más efectivamente* (Thomas Koulopoulos, 1997).

La intuición organizacional se refiere a la habilidad de crear nuevas respuestas a nuevas circunstancias, basadas no en la memoria del pasado, si no en su habilidad para entender las causas de las circunstancias actuales, y usar este "insight" y razonamiento para generar las respuestas más efectivas.

La empresa intuitiva trabaja en equipo, y hoy los equipos son más como las células de un organismo humano, se reemplazan a sí mismas continuamente mientras el órgano como un todo sigue funcionando. La intuición empresarial es también un enfoque orgánico al crecimiento de la compañía. Las construcciones artificiales jerárquicas en las organizaciones simplemente no pueden manejar o enfrentar y cambiar lo suficientemente rápido para mantener el paso con la necesidad de innovación a la velocidad de hoy.

Las características de una empresa intuitiva, o del siglo XXI como indica Wayne Toms son:

• Ellas están basadas en sus competencias principales o "core" competencias, no en sus "core" productos o productos principales.
• Ellas continuamente trabajan sobre sus propias ideas, haciendo a estas obsoletas y generando nuevas.
• Ellas valoran la adquisición de nuevo conocimiento sobre la creación de estructuras y estándares empresariales.
• Deben competir basadas en su habilidad de crear conocimiento

constantemente, no simplemente manejar el conocimiento que ya tienen.

Un líder de la empresa intuitiva depende de la inteligencia empresarial que ha alcanzado su empresa, un estado donde el conocimiento del pasado juega un rol menor en la guía hacia el futuro y que está entendiendo las circunstancias actuales y tiene una habilidad innata para procesar y responder a estas circunstancias. La organización realiza un cambio importante y profundo, y pasa de depender en sus experiencias (conocimiento del pasado) a depender en sus habilidades (ingenio para manejar el futuro dado que las habilidades también pueden ser obsoletas). *El conocimiento del pasado solo es útil y valioso cuando provee una perspectiva del futuro* (Richard Spinello, 1997).

Existen 8 actitudes de la empresa del siglo XXI de acuerdo a Thomas Koulopoulos:

1. Reaccionar antes de asimilar.
2. Compartir, no impongas conocimiento.
3. Convertirse en una empresa del conocimiento.
4. Crear activos de procesos.
5. Hacer a la intuición transparente.
6. Organizarse sin estructura.
7. Descentralizar la toma de decisiones.
8. Aumentar la velocidad y retorno en tiempo.

Friedrich Nietzsche decía que el instinto tiene el poder de agarrar una comprensión más profunda de la verdad. Este puede revelar la realidad en sus más vitales y dinámicas formas en sus dimensiones más profundas. El señalaba que el instinto puede resultar en un nivel de comprensión que es simplemente no existente en la ciencia y en la lógica. Nosotros cambiamos el concepto de instinto por intuición.

Transformar las ideas en intuición es asunto de poner las ideas en acción tan rápido como sea posible. Los métodos de visualización nos ayudan no solo a transmitir el rol del individuo en el proceso, sino también a delinear las interrelaciones de las tares del proceso y la conexión entre cada proceso y el resto de la organización

En lugar de realizar reingeniería para corregir procesos ineficientes, la reingeniería se convierte en parte integral de la iniciativa para prevenir que los procesos se conviertan en ineficiente para empezar. Esto llama a un nuevo tipo de reingeniería, convirtiendo este en enfoque y tarea continua en la empresa.

En lugar de tratamientos de shocks infrecuentes, la intuición corporativa se basa en una reevaluación continua y una mejora continua de los procesos de negocio, permitidos por la tecnología y una fuerza de trabajo empoderada, motivada y con conocimiento (Thomas Koulopoulos).

El mismo autor nos indica que debemos tener las siguientes habilidades dentro de la empresa del siglo XXI:

1. Adaptabilidad de destrezas

- Habilidad de aprender rápido.
- La habilidad de identificar y cuestionar presunciones y de aprender las mismas si fuese necesario.
- La habilidad de entender los negocios u ver los mismos desde una perspectiva holística.

2. Aptitud para una toma de decisiones autónoma

- La habilidad de re empaquetar el conocimiento existente y nuevas y novedosas formas (imaginación/creatividad).
- Iniciativa y liderazgo personal.
- Decisión o carácter decidido en la cara de información incompleta o condiciones imperfectas.

3. Aptitud emocional para el cambio

- Actitud positiva hacia el cambio constante.
- Disposición a tomar riesgos.

Un aspecto usualmente no considerado es que la intuición empresarial solo puede ser usada enteramente cuando las herramientas y tecnologías para su desarrollo están fácilmente disponibles. Un número de tecnologías hacen esto posible. Estas pueden ser divididas en seis categorías:

a. Redes.
b. Sistemas de Información.
c. Bases de datos y de conocimiento (Knowledge bases).
d. Sistemas Inteligentes.
e. Inteligencia de Negocios.
f. Sistemas de Análisis.
g. Visualización.

h.   Simulación.

La empresa no debe centrar toda su energía en obtener conocimiento de sus sistemas de información, si no también debe ver como estos pueden apoyar a la innovación y creatividad. El propósito de la empresa intuitiva, la habilidad de sentir el mercado y acceder a los recurso y competencias de la compañía y actuar instantáneamente, solo puede ser llevado a cabo si esta captura y organiza internamente y externamente el conocimiento generado de tal manera que cree intimidad y conciencia en la organización de cómo y porque las cosas son hechas de la forma en que están siendo hechas (Richard Spinello, 1997).

En conclusión, la intuición corporativa es simplemente la habilidad innata de reaccionar en la forma correcta, a pesar de la memoria de como las cosas han sido hechas hasta hoy. La intuición empresarial permite a las empresas lograr éxitos repetidos y extraordinarios sin ser limitada por su posición, memoria y cultura.

La investigación y educación Holística

> *Cada vez más el concepto de "educación" se va ampliando: crecimiento holístico, individual y grupal, proceso de Aprendizaje infinito, educación social, educación ecológica, pedagogía que en sí presenta millones de facetas... así es si consideramos cada segundo, cada situación, cada espacio, un escenario sagrado de enseñanzas multiniveles.* (Noemi Paymal, 2010)

Podría decirse que el adjetivo "holístico" más bien hace referencia a una actitud del investigador hacia el proceso de generación del conocimiento. Una actitud de apertura y de búsqueda de una comprensión integradora de su evento de estudio. Por esa razón, más que hablar de investigación holística, sería necesario hablar de una comprensión holística de la investigación", es decir, de una manera de ver el proceso investigativo que permite percibir en él lo que, a lo largo de los años, los diferentes modelos epistémicos han aportado.

Al acoger el paradigma holístico (Capra, Weil, Bohm, Wilber, Pribram) y paradigma totalizante (Cook y Reichardt, Cerda), tomamos la posición de que hay múltiples maneras de "percibir" (holismo) que son un proceso cíclico; y que hay diferentes herramientas para observar, conocer y entender el objeto o sujeto percibido, tanto cualitativas como cuantitativas (totalizante), las cuales en vez de ser contrarias son complementarias:

"...La investigación es, entonces, un proceso continuo que intenta abordar una totalidad o un holos (no el "absoluto" ni el "todo") para llegar a un cierto conocimiento de él. Como proceso, la investigación trasciende las fronteras y divisiones en sí misma; por eso, lo cualitativo y lo cuantitativo son aspectos (sinergias) del mismo evento" (Hurtado, Jacqueline, 2000)

Hugo Cerda (1994), en su obra *La Investigación Total* indica que "... hacer realidad un tipo de investigación abierta, interdisciplinaria, multidimensional, plurivalente y sólo sujeta a las restricciones determinadas por la consistencia y coherencia propios del proceso investigativo desarrollado... busca la unidad en la variedad como factor directriz en un proceso investigativo integrado y totalizante".

Desde una visión integradora se concibe el proceso investigativo como un devenir a través de diferentes niveles de conocimiento. En este devenir, el conocimiento anterior no queda desechado completamente, sino que se integra dentro de una nueva comprensión, pues ha sido la tarea evolutiva necesaria para alcanzar el nuevo aprendizaje. Desde una comprensión holística el ser humano se aproxima al conocimiento en un proceso permanente en...espiral" donde cada resultado alcanza grados de complejidad cada vez más avanzados. La espiral holística recorre ye repiten la investigación ad infinitum, como un fractal. Cada vuelta de la espiral representa un estadio de conocimiento y un objetivo de investigación. Estos objetivos representan logros sucesivos en un proceso permanente de generación de conocimiento, más que resultados finales. Los objetivos son integradores: para plantearse un objetivo de mayor profundidad se requiere antes haber logrado objetivos de menor profundidad o complejidad.

Si hablamos de educación Holística, vemos que esta es considerada el nuevo paradigma educativo para el siglo XXI, y se ha desarrollado a partir de las ciencias de la complejidad, superando la visión reduccionista cognoscivista; el resultado ha sido un paradigma educativo holístico, sin precedentes en la historia de la educación que está revolucionando radicalmente las ideas en el ámbito educativo.

Como nuevo paradigma, la educación holística provee de un marco global basado en lo mejor del conocimiento humano considerándolo en seis dimensiones diferentes: emocional, social, cognitiva, estética, corporal y espiritual, y fundamenta sus teorías a partir de tres influencias principales: los nuevos paradigmas de la ciencia, la filosofía perenne y los aportes de los grandes educadores y pedagogos de la humanidad.

Los principios holísticos de interdependencia, diversidad, totalidad, flujo, cambio, unidad, sustentabilidad, etc., están en la base del nuevo paradigma educativo con el objetivo de una formación integral del ser humano, objetivo que sólo puede ser logrado superando el paradigma Newtoniano-Cartesiano de la ciencia mecánica del siglo XVII y que hoy todavía sigue dominando a los diferentes sistemas educativos.

El paradigma holístico no se puede relacionar con creencias religiosas, dogmas ni rituales, la religión, como institución dogmática y manipuladora de las ideologías de los grupos humanos, no tiene cabida en la visión holística. Por su parte, la espiritualidad es algo que no se puede negar, pues es la conciencia del mismo ser dentro del mundo y el universo. Es la naturaleza esencial del ser humano, el cual es capaz de percibirla más allá de creencias, dogmas e instituciones o líderes organizados.

La educación holística toma, pues, los aportes de la nueva ciencia como base, y reconoce el mundo como una compleja red de relaciones entre las distintas partes de un todo global. Del mismo modo, no considera tan importante el aprendizaje de teorías y modelos como el verdadero desarrollo de mentes científicas, capaces de hacer un uso inteligente y creativo de los recursos tecnológicos actuales.[1]

Gráficamente, la educación Holística es expresada de la siguiente forma:[2]

---

[1]
http://www.pac.com.ve/index.php?option=com_content&view=article&catid=58&Itemid=81&id=4092

[2] https://www.google.com.bo/search?q=educaci%C3%B3n+holistica&client=firefox-a&hs=LGV&rls=org.mozilla:es-ES:official&tbm=isch&tbo=u&source=univ&sa=X&ei=Adh6UYb0KoWQ9gT814D4Dw&ved=0CD0QsAQ&biw=1280&bih=921

TERCERA PARTE
CAOS, CUÁNTICA Y LIDERAZGO ORGANIZACIONAL

Relacionar cuestiones vinculadas a la gestión del desarrollo organizacional y social y prácticas de la gestión con diferentes ciencias, y en particular con la física, nos lleva a encontrar una forma de razonamiento y pensamiento más eficaz que el modelo lineal con el cual actúan la gran mayoría de las personas, por ende los equipos de trabajo y consecuentemente las organizaciones. Esto nos permite encontrar y explicar las relaciones que se establecen entre el actuar y pensar del líder y los distintos procesos cualitativos y cuantitativos presentes en las organizaciones que conducen a la generación de valor.

En el área de gestión, desde hace más de un siglo, el estudio de la esta ha girado en torno de una premisa: la que establece que hay o debe haber una sola forma adecuada de organización y la misma está claramente definida. Esa idea de "talle único" sigue prevaleciendo hoy, sin embargo debería quedar claro que no existe una forma de organización adecuada; sólo hay organizaciones, cada una de las cuales tiene sus fortalezas, sus limitaciones y sus aplicaciones específicas.

Resulta evidente que la organización no es un absoluto: es una herramienta para que la gente sea productiva trabajando en conjunto. Por ello, afirmamos que el campo del Liderazgo debe experimentar en el futuro una integración de múltiples aportaciones teóricas trascendiendo las concepciones clásicas, con el fin de facilitar el manejo de las complejidades.

Complejidad, caos y empresa

El concepto tradicional del liderazgo (que incluye teorías modernas) se basa en un concepto mecanicista, en el comando y el control. El CEO o Gerente General de una empresa, el presidente de un país, el Director Ejecutivo de una institución, tienen autoridad de mando y control dentro de los confines legales de su campo de acción, pero no fuera de ella. Sin embargo, debemos cambiar la óptica de las organizaciones. Los principios mecanicistas en los cuales se rigen para ser administradas se están volviendo demasiado inoperantes, por una sencilla razón, se administraron como máquinas en la edad de la máquina, pero ahora que estamos en la era de la información y entrando a la era de la intuición, deben ser tratadas como lo que son: sistemas complejos vivientes. El hecho de vernos acorralados en un medio ambiente complejo caracterizado por el desorden, cada vez más demandante, exige de las organizaciones o sociedades un despliegue cuantioso de recursos y acciones, que si no son realizados inteligentemente pueden llevar a complicar aún más el escenario presente. Atrapados en este mundo, aparentemente a merced del devenir, hemos definido el desorden que nos rodea como caos. El concepto de caos (como comúnmente lo conocemos) también lo define el observador y él es quien fija los criterios para identificar el momento en la que una situación puede ser llamada caótica. Estos patrones con los que cuenta el observador para definir si una situación es caótica o no son referidos en un punto del libro Introducción a la Teoría de Sistemas de Niklas Luhmann (1996) donde indica lo siguiente: "La observación no se desarrolla de manera arbitraria, dado que la teoría de los sistemas cerrados autopoiéticos parte del supuesto fundamental de que la operación de los sistemas, al estar determinada estructuralmente, depende de su estructura y de su pasado".

La teoría de la complejidad considera que rasgos específicos son compartidos por los sistemas más complejos. Estos sistemas son la combinación de muchos agentes independientes que se comportan como una sola unidad. Estos agentes responden a su entorno. Todas estas "redes" actúan como un único sistema compuesto de muchos componentes que interactúan. Esta Teoría trata de explicar cómo incluso millones de agentes independientes pueden, no intencionalmente, mostrar patrones de comportamiento y propiedades que, aunque están presentes en el sistema general, no están presentes en cualquiera de los componentes individuales de ese sistema.

La teoría de la complejidad debemos entenderla en el contexto del liderazgo como una manera de alentar el pensamiento innovador y obtener respuestas al cambio en tiempo real, permitiendo que las organizaciones se auto-organicen. Sherman y Schultz (Mason, 2009), argumentan que las organizaciones modernas se mueven de una forma no lineal, sin continuidad en el flujo de eventos competitivos, excepto cuando se observa desde una visión retrospectiva. Con el fin de poner a trabajar de manera eficaz la teoría de la complejidad, los líderes de la organización deben renunciar a un rígido control de estos sistemas desde arriba. Los líderes también deben permitir a las organizaciones evolucionar en respuesta a los mensajes actuales de los clientes.

La teoría de la complejidad es muy similar a la teoría del caos, sin embargo algunos teóricos sostienen que el caos, por sí mismo, no explica la coherencia de la auto-organización de los sistemas complejos. Más bien, dicen estos teóricos, los sistemas complejos residen en el borde del caos (los actores o componentes de un sistema nunca se limitan a una determinada posición o función dentro del sistema), pero nunca caen completamente fuera de control. Como afirma M. Mitchell Waldrop en Complejidad (1992), "El borde del caos es la zona de batalla en constante cambio entre el estancamiento y la anarquía, el único lugar donde un sistema complejo puede ser espontáneo, adaptable, y vivo". Estar en el borde significa entonces encontrar el equilibrio entre orden y caos, entre anarquía y rigidez, entre estabilidad e inestabilidad. En estos sistemas complejos, la dinámica de los mismos impide observar a cada variable, el total de las interacciones y su dinámica simultáneamente, por ello debemos basar el estudio de organizaciones en sistemas y campos y entender su conducta a través de modelos. Esa es la ventaja de la Teoría de Caos, que a través de patrones y principios sencillos se puede explicar la dinámica compleja y turbulenta de los sistemas. De aquí que la propiedad de los sistemas de generar orden a partir del caos se le conozca como Auto-organización.

El modelo del caos introduce la idea de que el azar, las condiciones cambiantes y la creatividad pueden introducirse en cualquier momento en un sistema complejo y alterar su curso. Por lo tanto, además de anticiparse y responder al cambio, los líderes tienen otra opción, más poderosa: pueden influir sobre el cambio en el momento en que aparece (T. Irene Sanders, autora de Strategic Thinking and the New Science, Free Press). Aunque la teoría del caos ayuda a los líderes a comprender cómo cambian los mercados, ellos deberán también recurrir a la "teoría de la complejidad" para manejarse eficientemente en un contexto desordenado. Eisenhardt cree que las organizaciones deben prescindir de algo de estabilidad y control para lograr nuevas alturas de eficiencia e innovación. ¿Cómo hacen las organizaciones para lograr el tipo de flexibilidad que existe en el ejército? Los expertos dicen que la palabra clave es "adaptación". Para competir "en el borde" las empresas deben convertirse en "sistemas complejos y adaptables" (CAS, en inglés) parecidos a los sistemas de autocorrección y re acomodación no lineal que tanto abundan en la naturaleza.

En lugar de evitar el caos los líderes deben aceptarlo. También deben asegurarse de que el ambiente de trabajo fomente la interacción y la creatividad. Un líder no debe dar "respuestas" sino construir un proceso flexible que ayude a las personas a encontrarlas por sí mismas. En medio de todo el caos, las organizaciones no deberían aspirar a armar la "gran" estrategia para el futuro. Eisenhardt de Stanford University dice que las organizaciones deberían tener una estrategia en todo momento, pero que lo importante es recordar que "toda estrategia es temporaria". La mejor manera de planificar para el futuro en constante cambio, dice, es tener varios planes estratégicos que contemplen no más allá de un año, porque las cosas cambian demasiado rápido para los planes a cinco o diez años. Un plan más corto puede adaptarse con mayor rapidez a los cambios que ahora se dan en "tiempo Internet".

La gestión organizacional, tal como la hemos conocido, es demasiado engorrosa para el ritmo rápido e impredecible de hoy, Un nuevo tipo de compañía gana hoy. Los mejores modelos de gestión no se adaptan a la nueva economía; emergen de ella. Ya no es la supervivencia del más apto, es la llegada de los más aptos (Mason, 2009). Por lo general pensamos el futuro como extensión del pasado. Si conocemos el punto de partida, podemos predecir qué ocurrirá más tarde con sólo trazar una línea recta desde ese punto. Así es como funcionan hoy muchas de las herramientas de proyección empresarial. Sin embargo, ya en los años 60, esta concepción fue radicalmente modificada cuando Edward Lorenz, del MIT (Massachusetts Institute of Technology), desarrolló su teoría de los sistemas dinámicos no lineales, que en relación al caos, podemos definir como: la rama de las Matemáticas que trata acerca del comportamiento cualitativo a largo plazo de un sistema dinámico. No se trata de encontrar soluciones exactas a las ecuaciones que definen dicho sistema dinámico (lo cual suele ser imposible), sino más bien el poder contestar preguntas claves.

Finalmente, la respuesta a la crisis actual se encuentra en la misma razón por la cual las sofisticadas herramientas de previsión y de análisis de negocios actuales (Peter Senge, 1994), así como los elegantes planes estratégicos generalmente fallan en producir avances espectaculares en la gestión de un negocio. Están diseñados para controlar el tipo de complejidad en el que hay muchas variables: el detalle de la complejidad.

Hay dos tipos de complejidad. El segundo tipo es complejidad dinámica, situaciones donde la causa y efecto son sutiles, y donde los efectos en el tiempo de no son evidentes. Los métodos convencionales de previsión, planificación y análisis no están preparados para hacer frente a la complejidad dinámica. Mezclar muchos ingredientes en un guiso implica complejidad de detalle, como lo es el seguir un complejo conjunto de instrucciones para montar una máquina, o el llevar a cabo un inventario en una tienda de descuento. Pero ninguna de estas situaciones es especialmente dinámicamente compleja.

La Era Caórdica y el Liderazgo

En el comportamiento individual, organizacional o social de las teorías del modelo newtoniano se aplica el "top-down", donde el buen funcionamiento de cualquier organización, o sociedad depende del control de aquellos en posiciones de poder. Utilizando el paradigma de la ciencia newtoniana, el liderazgo tiende a enfatizar el mantenimiento de un sistema estable: líderes controlando todo y a todos bajo su autoridad a fin de mantener un estado de equilibrio. Teniendo en cuenta este control y las acciones determinadas que se llevan a cabo a continuación, se producen resultados predecibles (Ascough, 2002). Los planes a largo se producen creando pasos específicos que se indican mediante los cuales las metas se lograrían.

La mayoría de los individuos, organizaciones o sociedades operan, explícita o implícitamente, con este modelo. El mundo está cambiando claramente. Ahora estamos en la era de la información (probablemente entrando en una nueva era), con la tecnología como motor impulsor de una apertura a una gran diversidad dentro de la fuerza de trabajo. El enfoque de Newton para la dirección de las organizaciones o sociedades ya no parece aplicable a las personas del conocimiento en varias ciudades y países del mundo. Cuando pensamos que finalmente hemos definido un momento de nuestra existencia cultural, la cultura ha cambiado. Estamos viviendo en un método de "cultura" (Ascough, 2002). De esto ha surgido la necesidad de un nuevo paradigma de organización y sociedad, el paradigma newtoniano ya no funciona.

En El nacimiento de la era caórdica (1999), Dee Hock indica que "…la organización del futuro será la encarnación de la comunidad basada en compartir llamadas de carácter superior a las aspiraciones de la gente. Define una organización caórdica como cualquier comunidad o sistema, ya sean físicos, biológicos o sociales que se auto-organiza, que se autogobierna, es adaptable, no es lineal, es un organismo complejo cuyo comportamiento combina armoniosamente las características del caos y el orden".

A partir de los paradigmas científicos similares, Margaret Wheatley habla de "liderazgo informal: la capacidad de una organización para crear el liderazgo que mejor se adapte a sus necesidades en un momento dado" (Wheatley, Liderazgo). Ese liderazgo surge de dentro del grupo, no por auto-afirmación, pero porque un líder así es lo que el grupo necesita para prosperar en ese momento y lugar determinados. Dado que las organizaciones y sociedades son sistemas vivos (redes de relaciones) y no máquinas, no pueden ser controlados de forma lineal. El verdadero liderazgo en una organización o sociedad crea un clima en el que otros dirigentes puedan levantarse y dar un paso atrás según las necesidades. Las personas ya no se definen en términos de una relación de autoridad (por ejemplo, "ella es mi jefe", o "trabaja para mí"). Por el contrario, la persona debe ser vista como parte del patrón de flujos de energía que se requieren para que esa persona pueda hacer el trabajo, es decir que es un conducto para la energía de la organización y sociedad.

La relación no es jerárquica sino vertical, las personas preguntan cómo pueden apoyarse entre sí. Según Hock, en la era caórdica el liderazgo será de gran difusión. La vieja idea de pensar sobre los líderes como personas superiores en la parte superior dominando a los inferiores en la parte inferior va a cambiar.

El líder caórdico entiende la necesidad tanto del caos como el orden y es capaz de crear condiciones para que "el talento, la unidad, los valores, y la pasión", de cada persona sea puesto en libertad. Deben crearse las condiciones "por el cual puedan auto-organizarse de una forma ordenada de manera que tanto el individuo como la organización pueden desarrollarse y tener éxito en un nivel muy profundo" (Dee Hock, 1999). Hock sugiere que cualquier líder digno de este nombre debe desarrollar la sabiduría y la capacidad para crear las condiciones en que las organizaciones puedan estar en armonía con el espíritu humano y la naturaleza.

En el paradigma anterior de liderazgo, se asocia más la palabra liderazgo al poder asociado a un sillón o posición específica, que con las cualidades del líder mismo; por lo tanto, las personas creen que es la posición quien hace al líder, cuando en realidad es al revés, es el líder quien hace la posición. Con esta creencia, muchos de quienes desean posiciones de alto nivel piensan que una vez sentado en ese sillón, comienza su preparación y ejercicio de liderazgo, cuando en realidad, es sólo a través de su rol de líder, mostrado desde el inicio, lo que lo llevará a una posición más alta. Hoy tenemos un nuevo tipo de líder. Este nuevo modelo de liderazgo es total, en todas direcciones, de 360 grados de cobertura, vertical y horizontalmente, no está asociado a la posición de la persona, mucho menos a algún sillón en especial. (R. Velarde, 2011)

El papel del nuevo liderazgo radica en propiciar un clima que aliente la diversidad y promueva la sinergia, en el que el desacuerdo no sea sinónimo de deslealtad, en el que se revisan y cuestionan permanentemente los paradigmas, con la certeza de que son las personas que determinan la capacidad de la organización para enfrentarse al futuro.

Estamos hablando de una nueva tendencia en un mundo cuántico alejado del equilibrio, en el que se combina el orden y el caos, en el que coexisten la inestabilidad, la tensión, el conflicto y el riesgo con el aprendizaje continuo, por medio del cual pueden crearse y descubrirse futuros no conocidos. (Vic Sportsman, 2012)

Caos y Liderazgo: La nueva ciencia del liderazgo

El mundo empresarial está cambiando claramente. Como señalamos arriba, ahora estamos en la era de la información y el enfoque de Newton para la dirección de la organización ya no parece aplicable a los trabajadores del conocimiento. En muchos sentidos, el mundo laboral se ha vuelto más complejo, más caótico. Abundan las paradojas y el cambio está por todas partes. Es en este ambiente las teorías del caos y la complejidad están siendo discutidas y aplicadas en la literatura actual de liderazgo organizacional como un nuevo paradigma u "objetivo" para el cambio en las organizaciones.

¿Qué es exactamente la nueva ciencia, cómo es la relación con la teoría y práctica del liderazgo? En general, la nueva ciencia encarna la perspectiva holística que señala que las relaciones interdependientes tienden a formarse y florecen entre redes que poseen una capacidad inherente para auto-organizarse, auto regularse, aprender, cambiar, adaptarse y evolucionar. La mueva ciencia especifica que sistemas eficaces y sostenibles, especialmente los sistemas vivos, dependen de la cooperación, las relaciones y patrones para su supervivencia. La nueva ciencia es parte de un campo mayor de pensamiento conocida como teoría de sistemas, o dinámica de sistemas. Aplicado a la teoría de la organización y el comportamiento, la nueva ciencia es un catalizador que permite que ideas progresistas y prácticas no teóricas evolucionen. Permite que las ideas sean libremente intercambiadas entre todas las partes interesadas de un sistema y, a su vez, fomenta el crecimiento de las organizaciones de aprendizaje dinámico. Este modelo de liderazgo es marcadamente diferente del paradigma de liderazgo convencional de mando y control, ese modelo tradicional de liderazgo organizacional que cada vez se ve como una barrera para la productividad, la innovación y sostenibilidad. En consecuencia, un creciente número de organizaciones y comunidades están empezando a aprender y apreciar que para ser sostenible deben adoptar y aplicar un nuevo modelo de liderazgo, es decir, la nueva ciencia (la ciencia de sistemas vivos).

Puntos clave de "Liderazgo y la Nueva Ciencia"

1. El orden puede surgir del Caos.
2. La información nos informa y nos forma.
3. Las relaciones son todo lo que hay.
4. La visión es un campo invisible.

Con el fin de sobrevivir en un mundo de cambios y caos, tendremos que:

   a. Aceptar el caos como un proceso esencial por el cual los sistemas naturales, incluyendo organizaciones, se renuevan y revitalizan a sí mismos.
   b. Compartir la información como la fuerza principal de la organización.
   c. Desarrollar la rica diversidad de relaciones que están presentes en nuestro alrededor para dinamizar nuestros equipos.
   d. Abrazar la visión como un campo invisible que nos permitirá recrear nuestros lugares de trabajo y nuestro mundo.

La expansión de los puntos clave de la nueva ciencia del liderazgo, según Wheatley:

1. En los sistemas naturales, el orden no se impone desde fuera. Se desarrolla naturalmente desde su interior.
2. Necesitamos tener un acuerdo sobre lo que estamos tratando de lograr y los valores por los cuales estamos operando y luego debemos liberar a las personas para obtener esa enorme gama de conductas que sabemos, por la teoría del caos, será diferente, pero como resultado tendremos el patrón o la forma que estábamos buscando al principio
3. Tememos el caos y lo vemos como una pérdida de control, pero no se puede llegar a los sentimientos de paz y a una mayor creatividad a menos que estemos dispuestos a entregarnos al caos y a caer en cuenta de que es parte del proceso por el cual la vida crea nuevos niveles de orden y entendimiento.
4. El caos es el proceso crítico por el cual los sistemas naturales se renuevan y revitalizan ellos mismos.
5. La información es la fuente de todo cambio. La información nos permite cambiar y genera crecimiento.
6. Algo vivo puede ser entendido simplemente como información que ha tomado forma material.
7. La información puede ser vista como la fuerza organizadora en el universo.

8. Necesitamos que la información fluya a través de organizaciones como la sangre fluye el organismo

9. La información es la fuente de toda la energía que lleva a la reorganización y adaptación. Si bloqueamos el flujo, entonces se bloquea la capacidad y potencial de la organización para adaptarse a su entorno y para actuar y reaccionar.

10. Cuando la gente que normalmente no trabaja juntos se une, se generar nueva información.

11. Las partículas no existen independientemente de su relación entre sí y tampoco lo hacen los seres humanos.

12. Somos olas del potencial de movimiento a través del espacio de nuestras organizaciones y cuando nos encontramos con otra persona, evento o pensamiento, evocamos algo y damos paso a nuestro potencial.

13. Hay poder y energía oculta en los ámbitos invisibles que nos rodean todos.

14. Las relaciones son el tejido mismo del equipo.

15. Esta nueva forma de ver la vida en las organizaciones pueden revelarnos cosas que nos puede dar una mayor sensación de potencia y nos haga capaces de hacer las cosas correctamente.

16. Las ciencias más reciente cambian nuestro campo de visión de manera que buscamos y tratamos de percibir lo que está sucediendo en el conjunto más que en una pequeña parte.

17. Orden y patrones sin previsibilidad - La teoría del caos.

18. La visión es un campo - cuando las personas tienen una idea de la capacidad, el propósito y los sueños de la organización, entonces ese campo comienza a influir en su comportamiento.

19. La visión emerge de la interacción, el buen pensar y buen corazón de las personas de una organización.

20. Estamos haciendo y descubriendo las nuevas formas de organización para el siglo XXI.

CUARTA PARTE
EL LIDER CUANTICO

El Arquetipo del Hombre Nuevo

Cada ser humano está en sintonía con algún arquetipo, o con dos o tres de ellos. Cada uno está programado en el nivel del alma para representar o modelar características arquetípicas. Son semillas sembradas en nuestro interior. Cuando una de ellas germina, se liberan las fuerzas de moldeado que le permiten convertirse en un determinado tipo de planta. Una semilla de tomate siempre se convertirá en una tomatera y nunca en un rosal. La activación de un arquetipo libera sus fuerzas de moldeado, las cuales nos acercan más a lo que estamos destinados a ser (Sincro Destino, D. Chopra 2003).

El líder cuántico comprende que el hombre nuevo es un individuo, o sea algo único, que puede llegar a un estado superior de sí mismo pues tal es su verdadero significado y lo único que puede satisfacerle profundamente. Es así que el líder cuántico tiene que someterse primero al crecimiento interior y a su evolución. Partamos desde este punto. Nosotros no conocemos a alguien quien nació perfecto, ni que nació completamente desarrollado, totalmente evolucionado. Por el contrario, todos nacemos imperfectos a fin de poder cumplir con nuestra tarea como humanos. El líder cuántico tiene que, primero que nada, restablecer en sí mismo el contacto entre los niveles inferior y superior, entre el hombre y el Súperhombre de Nietzsche, a fin de reabrir un camino para que la influencia de un nivel le llegue al hombre para posibilitar su desarrollo interior, y también para que existiese cierta clase de cultura inteligente durante cierto y preciso periodo o ciclo de la historia.

Es necesario que el líder cuántico conozca a este Nuevo Hombre escondido en todo hombre para así poder realmente liderar. Por ello el líder cuántico debe tender un puente entre lo humano y lo súper-humano (divino) en sí mismo, y de este modo restablecer un contacto entre lo superior y lo común. El líder cuántico tiene que ser, como señalaba Gandhi, el cambio que propugna.

Todo hombre, sin importar su condición actual, debe someterse a un proceso de evolución interior, para lo cual es necesario que primero cambie su pensamiento. Esta evolución interior es mental y este desarrollo yace en la comprensión. Por ello, el líder sabe que el hombre es lo que comprende (Nicolle, 1944). Para saber lo que un hombre es, y no lo que aparenta, es preciso que el líder observe el nivel de comprensión de ese hombre, así como debe observar su propio nivel de comprensión.

Todos somos seres incompletos, inacabados. El líder conoce que el hombre puede realizar su propia evolución, puede completarse a sí mismo individualmente. Pero si no quiere no precisa hacerlo, por ello este nuevo pensamiento no se puede dar directamente a nadie y tampoco se puede obligar; no se puede imponer a las personas. Es imposible hacer entender a alguien por la fuerza o por ley (Nicolle, 1944).

El líder comprende que la evolución humana sólo es posible mediante el entendimiento individual, y por lo mismo íntimo.

El líder cuántico reconoce que este desenvolvimiento o evolución le pertenece al hombre en sí mismo, al hombre secreto, al hombre interior, y no al hombre exterior, ese hombre que aparenta ser en la vida y que piensa que ya es, al hombre de éxito, al hombre que presume.

El líder cuántico es consciente de la idea "sagrada" acerca del hombre, es decir que éste cuenta con un elevado nivel de ser y actuar que no utiliza y que su verdadero desarrollo consiste precisamente en alcanzar el más alto nivel que le sea posible.

La Verdad (verdad experimentada) que puede llevar al hombre a un nivel más elevado de la propia evolución, no surge de la vida misma sino que llega al mundo por medio de quienes ya la han alcanzado, o sea de los líderes cuánticos; y son muchos estos líderes, y aun pueden ser muchos más. Necesitamos del Superhombre de Nietzsche.

El hombre es su comprensión, y la voluntad derivada de ella, y nada más.

Una de las más profundas enseñanzas del esoterismo trata acerca de la unión de los dos aspectos del hombre. En la enseñanza esotérica griega, cuyo mayor ejemplo es Sócrates, se ve cómo esta idea nos indica que el hombre es un producto no acabado y que lleva en sí mismo posibilidades para lograr un estado superior. A estos dos aspectos Platón los llama Conocimiento y Ser. En La República dice: "El verdadero amante del conocimiento siempre está luchando por ser". Y Shakespeare nos recuerda el diario dilema humano: "Ser o No Ser".

El cometido del líder cuántico es el de conectar al ser humano con lo Divino o lo Superior, lo natural con lo espiritual. Y este nivel más elevado que le es posible alcanzar al hombre está en uno mismo, y debe ser motivo de logro en el presente. Es un estado del ser mismo, una condición que en realidad existe como una posibilidad y que existe ahora, algo que se encuentra por encima de lo que somos o de la condición en la que nos hallamos, una condición de sí mismo.(Nicolle, 1944)

El líder cuántico sabe que para recibir correctamente un nuevo pensamiento, el hombre no puede cargar con todas los pesos que cargo en la vida, no puede cargar con sus prejuicios, sus actitudes, ya sean de raza o del pensamiento, con todas sus opiniones y las ilusiones derivadas de los sentidos. No puede recibir lo nuevo del pensamiento en una mente vieja. El pensamiento nuevo tiene que aceptarse en su integridad, y no sumarse a los viejos puntos de vista.

Características del Líder Cuántico

El líder cuántico no es un ser común, envuelto en la cotidiana y tan aceptada mediocridad de nuestra actual sociedad. El líder cuántico es el arquetipo del Hombre Nuevo, y tiene las siguientes características:

Egoencia

Es indispensable que el líder se conozca a sí mismo, que conozca su personalidad íntima y real. Así, valorizarse a sí mismo es egoencia, y por la egoencia el líder se descubre y cumple la premisa de Sócrates: "Conócete a ti mismo".

"El hombre [líder cuántico] ha de ser un ser armónico, de cuerpo sano, mente activa y espíritu egocéntrico. Constituirá una verdadera individualidad. Será portador de la nueva moral basada en el gozo de vivir, moral que le dará el derecho al placer generador y no destructor de energías. Así el egoísmo será suplantado por el sentido de la egoencia y el hombre [líder] será el constructor de su propia felicidad, aprendiendo que el tesoro verdadero es dar sin esperar recompensa" (Bovisio, 1930).

Es necesario entonces que su ser superior nazca y viva en el líder cuántico, que se haga su propia vida, para que al fin se constituya en ejemplo viviente del logro del Hombre-Superior o el Súper-Hombre de Nietzsche.

Egoencia quiere decir, entonces, perfecta individualidad identificada con la Conciencia Cósmica. El líder cuántico desarrolla en lo más íntimo de su ser su trabajo para lograr la trascendencia interior. "Por su esfuerzo constante él penetra en sí, está fijo en sí, rechaza toda apariencia, a través de su renuncia da a su comprensión intelectual la tersura de un espejo en donde pueda reflejarse la belleza divina" (Santiago Bovisio). Se constituye como un ser holístico, egocéntrico, superior. La gran labor del líder cuántico, su gran apostolado es éste: vivir en sí, sentir en sí y realizar en sí lo que desea realizar afuera.

El líder cuántico egoente vive el desapego de las cosas pasadas y de los sentimientos que sirvieron de base para la experiencia, ya inútiles. No es un ser completo, y sólo puede completarse por sí mismo. No hay nada externo que lo pueda hacer, o sea que nada hay fuera de él que le pueda llevar a ese nivel superior de sí mismo, a su mayor desarrollo. A menos que logre convencerse de que ésta es su verdadera realidad, su mente permanecerá cerrada a esta posibilidad, o sea que se mantendrá cerrada a cualquier cosa superior. Aquello elevado, superior, está en él mismo; pero es algo desconocido, un lugar que aún no ha visitado. Todo cobra otro sentido cuando experimenta la convicción de esta idea. Y entonces se le hace posible un nuevo paradigma mental.

Con la egoencia, se le hace posible al líder llegar a un nuevo nivel de pensamiento, sentimiento y comprensión. Pero para poder llegar a él, el líder cuántico tiene que alcanzar un nivel superior en sí mismo. Si todo el mundo hiciese esto, el nivel de la vida en nuestro planeta también cambiaría, tal cual indica la Física Cuántica. Pero este paso sólo puede darlo el hombre, y puede darlo sólo individualmente. "El hombre puede llegar a un nivel superior en sí mismo y aún vivir la vida. Cada persona tiene un acceso interior, aunque distinto, a este nivel superior. Es una posibilidad latente en todos, pues el hombre ha sido creado como un ser capaz de proseguir su propia evolución, de lograr su propia evolución" (Nicolle, 1944).

Fe

El líder cuántico es en escancia un ser de fe que basa su accionar sobre esta, y es la fe el soporte de su vida.

Como indica Maurice N., "La fe denota de un modo esencial una convicción, una certeza de que hay una interpretación más elevada de la vida. La fe nos muestra que la vida sólo puede entenderse mediante el sentido de la existencia de una cosa superior a lo que es el hombre, y la idea de que el hombre tiene la posibilidad de ser transformado y pasar a un significado enteramente distinto". La fe es algo por completo distinto a lo que ordinariamente llamamos creencia y se acerca más al concepto de certeza.

Si el líder cuántico imagina que la vida es un fin en sí misma, y que fuera de éste no tiene otro, entonces no podrá tener fe. Y lo que es más, no querrá tener fe (Bovisio). El líder acepta el pensamiento de que la vida no puede ser un fin en sí misma, sino que tiene que ser un medio que conduzca a otro fin. La fe es algo vivo, algo que trabaja constantemente en el líder para poder realizar su alquimia. Y esta alquimia no es sino la creación de un Nuevo Hombre en el hombre.

Obrar por la fe no es lo mismo que actuar por amor propio y por amor al reconocimiento. Actuar por la fe es obrar más allá de sí mismo es obrar más allá del amor propio y de sus intereses. Exactamente lo mismo ocurre en los casos en que se piensa por la fe.

Es preciso tener cierta actitud para que la fe exista y aumente. El hombre tiene que darse cuenta que se halla bajo una autoridad, una fuerza superior a sí mismo.

Sencillez

"Si no os hiciereis niños, no entraréis en el Reino de los Cielos", dijo Cristo.

La sencillez es valor; el alma sencilla es, verdaderamente, la que no teme. El alma verdaderamente grande no puede abandonarse de continuo a cavilar sobre lo que vendrá, sobre lo que será, porque está segura de sí misma.

El hombre moderno vive en permanente preocupación; ha enredado su mente y vive en continua defensa, en un continuo temor sobre el futuro. El líder cuántico se despreocupa continuamente, el no piensa en los males venideros, se abandona al presente. Vive el día de hoy, la hora presente, está seguro de que tiene en sí el poder necesario para reaccionar en el momento en que se presente el peligro, y no antes del peligro. El líder cuántico sabe que es una fuente inagotable de energías superiores y que no tiene por qué temer.

Prudencia

Cristo dijo: "Sed sencillos como palomas pero prudentes como serpientes".

La Prudencia no es aquella indecisión constante de los hombres mediocres que les hace perder las mejores oportunidades. La Prudencia es una observación continua de las fuerzas personales del líder y de lo que él puede dar.

"Cuando el hombre [líder] siente que está lleno de una fuerza que le impulsa a ir en defensa de los oprimidos, a hacer justicia, a ir al martirio si fuera necesario para bien de la humanidad, tiene que detener esas fuerzas y no gastarlas, y considerar lo que haría si su sueño fuera realidad. Cuántos dicen que darían la vida por su ideal, y al primer golpe que reciben, no sólo no ofrecen lo que habían prometido, sino que lo abandonan y reniegan de él. Es fácil ser valiente cuando se está cómodamente sentado en un mullido sillón y se deja que la fantasía corra" (Bovisio, 1930). Hay que estar ante la realidad para saber lo que se puede dar y la Prudencia es, en esto, la única maestra.

Templanza

Para qué el líder cuántico pueda vivir sencillamente, en paz y ser el catalizador de cualquier salto cuántico, es indispensable que tenga Templanza.

La Templanza es el acumulador de las energías del Valor. Controlar y medir todos los actos, privarse de las cosas innecesarias, medir con discreción las cosas indispensables, vigilar los pensamientos y las palabras, es ahorrar preciosas fuerzas. Nunca hay que fiarse demasiado de aquél arrogante que afirma que es el más fuerte. El alarde desmedido no es una característica del líder cuántico.

Amor Real

Santiago Bovisio no podía ser más claro cuando habla del amor real: "Si bien la palabra amor está en todos los labios, se pronuncia en todos los idiomas y se expresa en todas las formas, muy pocos sabrían dar una definición exacta del Amor.

Es que el amor, para muchos no tiene definición, porque es la Esencia Divina de la vida.

Por todas partes, en todo momento, subyace este divino elemento como lo levadura de la masa, como la sal en el alimento. Brota por doquier, inadvertidamente, con un súbito resplandor, que parece relámpago en noche de tormenta.

Por el amor se mueven los astros y las cadenas planetarias, y por el mismo asoma la flor del campo su corola en las mañanas de primavera. Nadie puede escapar al hechizo de esta secreta virtud que es, en una forma u otra, la aspiración de todas las formas creadas".

El líder cuántico comprende que el amor es un paso más allá y más profundo que la empatía.

Valor y Control Personal

El Valor no es atropello, ni bravosidad, sino es un sentido bien equilibrado del Control Personal. El valor consiste, entonces, en manejar este control personal y no el "valor" en el sentido que los hombres dan a esta palabra, que no es más que el par de opuestos del temor.

Perseverancia

Todas las virtudes son indispensables; pero, para que el líder cuántico tenga una vida eficaz, ha de estar basado sobre los fuertes pilares de la Perseverancia.

Paciencia

Por la paciencia el hombre se hace constante, por la paciencia se abre la puerta que da a los mundos superiores, por la paciencia se vence al enemigo más acérrimo (Bovisio).

Para el líder cuántico la paciencia es indispensable. La naturaleza humana, tan endurecida en el hábito, precisa largos años para amoldarse y activar los centros necesarios para la vida superior y únicamente con una paciente Perseverancia logra el éxito.

Esperanza

La esperanza no es aquella virtud moral de abandonarse a la miseria, a la desesperación, a las tristezas morales, diciéndose que eso algún día cambiará. La esperanza es aquella virtud del que espera en un momento determinado, en la hora adecuada, la realización en sí mismo del nuevo hombre; y es el más fuerte sostén de la Perseverancia. Esperan perseverantemente aquellos líderes que han llegado a la meta sin alterarse, sin apurarse, porque saben que todos llegarán un día.

Discernimiento

El hombre que cambia muchos ideales, que toma muchos senderos, gasta su tiempo y sus energías sin lograr detenerse nunca, sin tener tiempo para nada. El líder cuántico es aquél que persevera en su fe, aquél que sigue constantemente por la senda que se ha trazado, tiene tiempo para analizar las cosas, discernir las cosas, porque el discernimiento es aquella guía interior que lo lleva a la meta.

Conocimiento y sabiduría

"El conocimiento por sí solo no genera valor. El valor (…) sólo es creado cuando la sabiduría encauza y orienta los conocimientos. El origen de la sabiduría se encuentra en los siguientes elementos: un propósito claro que oriente cada uno de los actos; un poderoso sentido de la responsabilidad y, finalmente, un deseo compasivo y solidario de contribuir al bienestar de la humanidad" (Daisaku Ikeda).

Imaginación

La imaginación es la facultad creadora. La imaginación es la que causa todo lo que hacemos y lo que somos. Nuestra propia imaginación es la facultad creadora, nada podemos hacer sin que antes venga a través de nuestra facultad imaginativa y creativa.

Albert Einstein afirmaba que "La imaginación es más importante que el conocimiento.". El mismo genio señalaba que: "La imaginación lo es todo. Es la clave de las cosas que vas a atraer".

El líder cuántico y su carácter

Probablemente uno de los más grandes ocultistas (Buda) legó a la humanidad la siguiente sentencia trascendental: "Como piensa el hombre, así es". Entonces podemos afirmar que el proceso de vida es: Primero pensamos, segundo sentimos, tercero actuamos. Y en este proceso, la respiración es la base del pensamiento.

En la vida y en el liderazgo lo importante es saber claramente qué es lo que se busca, cual es la aspiración fundamental. Esto es lo más importante. El líder debe subordinar todo su esfuerzo y su objetivo al logro de este fin. Si así lo hace, el líder llega rápidamente a su meta.

Pocos son suficientemente sinceros y valientes para confesarse qué es lo que quieren realmente y menos aun los que actúan de acuerdo a este sentir y empeñan su vida en realizarlo. El líder cuántico debe ser uno de estos pocos.

El Líder Cuántico puede obtener todo lo que se proponga, pero no todas sus conquistas le darán lo que él espera de ellas. Lo primero que el líder debe saber es discernir, entre todo lo que se quisiera, cuál es su vocación real, aquella que dará la plenitud que aspira y que será de mayor bien al prójimo. Estos logros están fundamentados en el carácter del líder.

El primer grado, lo que se llama la Conciencia del Yo, es la plena conciencia que el líder obtiene de su real existencia, que le hace conocer que es una entidad real con vida independiente. El segundo grado, que los yoguis llaman la Conciencia del YO SOY, es la conciencia de su identidad con la Vida Universal, en relación con ella y su " contacto" con toda vida manifestada y no manifestada. Es lo que la Física Cuántica llama Entrelazamiento.

El primer conocimiento para el líder es el conocimiento del Yo. Este, el líder, además de las facultades mentales comunes en mayor o menor grado a todos los hombres, tiene latentes facultades superiores que cuando se manifiestan y expresan lo transforman en superhombre. El desenvolvimiento de estas facultades es posible a cuantos han alcanzado la etapa adecuada de evolución, evolución que se inicia con el deseo y anhelo por este logro. Este anhelo lo causa la presión de las facultades latentes que pugnan por actualizarse

"El Yo es la chispa divina emanada de la Sagrada Llama" (Santiago

Bovisio). Pero como el niño que contiene en sí al futuro hombre, la mente del hombre es inconsciente de sus cualidades latentes y no se conoce a sí misma

El líder adelantado no se desespera, y reconociendo su real naturaleza y posibilidades, al paso que despierta a la conciencia de sus poderes y capacidad mira como lejanos sus antiguos desalientos e ideas pesimistas y las desecha como objetos usados y ya inútiles.

El líder debe dominarse antes de que pueda influir en los demás. No hay camino llano y fácil de servicio y poder. Cada paso se ha de dar a su debido tiempo y cada líder debe dar el paso por sí mismo y por su propio esfuerzo.

El rostro del líder no es el rostro cansado y agobiado por las preocupaciones que encontramos por miles hoy, rostro que atestigua claramente cuan raro es encontrar un ser con auto dominio. "¡Qué raro, en verdad, es encontrar un hombre!", Nos dice Ramacharaka. "Cuan común es más bien descubrir un ser perseguido por tiránicos pensamientos, ansiedades e inquietudes, agobiado", continúa el mismo autor.

La concentración de la mente y la fuerza de voluntad son los medios de que se valen los líderes cuánticos para obtener asombrosos resultados, y dominar su mundo.

"La resolución es lo que denota la hombría; no la débil resolución, ni las tibias determinaciones, ni los propósitos vagos, sino la recia e infatigable voluntad que pisotea las dificultades; que enciende los ojos y el cerebro con alarde de arrogancia frente a lo inasequible. La voluntad agiganta a los hombres", nos recuerda Ramacharaka. Sin embargo, el gran obstáculo para el eficaz uso de la voluntad en la mayoría de las personas, es la falta de habilidad para enfocar la atención.

El carácter del hombre es en gran parte resultado de la calidad de pensamientos mantenidos en la mente y de las representaciones mentales o ideales que cultiva. El que constantemente se está viendo desgraciado y sin suerte, arriesga emitir formas de pensamiento de la misma índole pesimista quedando dominado por ellas, y todos sus actos propenden a objetivarlas. Por el contrario, el que hace un ideal del éxito, halla que toda su naturaleza mental parece contribuir a la objetivación del ideal. Lo mismo acontece con todos los otros ideales.

El Raja Yoga indica que cada cual cree que es "como Dios lo ha hecho" y que tal es su fin. No comprende que su carácter se está modificando inconscientemente día por día por la asociación con otros cuyas sugestiones asimila y practica sin advertir que modela su carácter al interesarse por ciertas cosas y permitir que su mente se detenga en ellas (ver física cuántica). No comprende que él es el constructor de su carácter empleando su pensamiento. Se hace así mismo negativo o positivo. Es hombre débil quien se deja conducir y construir por otros, y fuerte el que se construye por sus propias manos.

Las causas del carácter, indica el Raja Yoga, pueden resumirse de la siguiente forma: 1° Resultado de experiencias en la vida; 2° Herencia; 3° Ambiente; 4° Sugestión ajena; 5° Autosugestión. Pero de cualquier modo que se haya formado el carácter, puede modificarse y perfeccionarse por métodos específicos.

La construcción del carácter equivale a la construcción de hábitos, y el cambio de carácter es el cambio de hábito. Conviene tener esto muy presente. Bien ha dicho un escritor: " Siembra un acto y cosecharás un hábito; siembra un hábito y cosecharás un carácter; siembra un carácter y cosecharás tu destino".

El líder cuántico es el constructor, preservador y destructor de su mundo personal de pensamiento. Pueden producir en él lo que deseen y mantener lo que quiera, cultivando, desarrollando y desenvolviendo las formas de pensamiento que desee. El Yo es el dueño de su mundo de pensamiento. Los líderes cuánticos son conscientes de esta gran verdad, por el deseo creamos, por la afirmación preservamos y vigorizados, por la negación destruimos (Raja Yoga)."El Yo es lo esencial del individuo y el mundo mental su manifestación. En él estáis constantemente creando, constantemente preservando, constantemente destruyendo" (Ramacharaka).

El Raja Yoga nos indica que cuando la mente se fija firmemente en un ideal o aspiración, todas las facultades se concentran en la realización y manifestación del ideal. De mil modos la mente operará para la objetivación de la actitud mental subjetiva, y una gran proporción del esfuerzo mental se lleva a cabo siguiendo líneas subconscientes. El líder debería representarse la cosa deseada y a sí mismo como si la consiguiera, hasta que llegara a ser real. De esta manera moviliza todas sus fuerzas mentales, siguiendo líneas subconscientes, y hace una especie de senda mental, por la cual puede manifestarse.

El mal del hombre consiste en un vuelco continuo hacia lo exterior, dado que si buscase en lo interior hallará la solución de todos sus problemas. Es bueno pensar y meditar sobre las necesidades de uno, pero eso no es vida interior.

Para lograr esta vida interior, el Líder Cuántico recurre constantemente a la soledad interior, soledad que exteriormente puede lograrse mediante los retiros. Todos los líderes tendrían que alejarse, aunque fuera una vez al año, del bullicio del mundo, lejos de los negocios, lejos de los parientes, lejos de toda preocupación, para vivir unos días de completa absorción interior.

Ramakrishna decía a sus discípulos que vivían en el mundo: "Dejad alguna vez vuestra casa y vuestros trabajos y venid conmigo a la soledad". La Naturaleza ayuda el despertar de esta facultad de la memoria, como sucede en el aire de las alturas. Por algo los antiguos Caballeros construían sus castillos a más de mil metros sobre el nivel del mar; y dicen los Lamas del Tíbet que el aire de los Himalayas despierta la memoria.

De allí es aconsejable hacer estos retiros, cuando sea posible, en parajes elevados.

La adquisición de los recuerdos pasados es tan importante, que a veces descubre una misión nueva, o soluciona como un relámpago, los más duros dilemas.

Competencias del Líder Cuántico

El Líder Cuántico debe contar con determinadas competencias prácticas, entendiendo éstas como aquél saber teórico y el práctico (saber actuar) complejo en circunstancias particulares, esto implica la toma de decisiones respecto a qué recursos poner en juego para alcanzar una meta de manera crítica y efectiva.

Sostenemos que el liderazgo no es un regalo de los dioses o del destino, sino que puede y debe ser aprendido; por ello debemos traducir las cualidades de liderazgo en competencias para el liderazgo. También es importante comprender que el emprendedurismo es una característica básica del líder.

Por razones metodológicas, como veremos luego, dividimos las competencias en cuatro componentes, a ser:

a) Conocer
b) Pensar
c) Sentir
d) Actuar

Cada componente contiene determinadas competencias. Estas competencias están determinadas por las características esenciales del líder y el emprendedor de acuerdo a lo señalado anteriormente.

El detalle de las mismas se encuentra en el Apéndice I.

QUINTA PARTE
LO CUÁNTICO: UN MODELO DE LIDERAZGO PRÁCTICO

Nuestra visión del mundo, la visión del presente libro, nos muestra a este como un conjunto de agentes independientes y autónomos que colaboran al desarrollo de un comportamiento superior, lo que implica que nuestra visión abarca conceptos básicos como el de la complejidad, el enfoque sistémico, cuántico, caótico y holográfico. Consideramos necesario recordar, para así poder comprender mejor toda la complejidad de nuestro universo, que esta visión de nuestra realidad es multidimensional.

Podemos considerar que el universo está conformado por entidades o fuerzas que se interrelacionan entre sí, manteniendo, sin embargo, su propia independencia. Este universo se explica a sí mismo como un Sistema compuesto de Subsistemas. El Sistema Autopoiético (Niklas Luhmann, Humberto Maturana) encierra Clases que a su vez crean instancias de sí mismas, que llamaremos Objetos. Estas instanciaciones heredan características de la Clase instanciada a la vez que contienen características propias y únicas. La Clase Madre es la fuerza creadora del universo que se contiene a sí misma y se manifiesta a sí misma solo a través de las propias instancias de ella misma. Esta fuerza madre es solo el aspecto manifestado de la Gran Fuerza manifestada y no manifestada.

Un objeto tiene estado, comportamiento e identidad, persistencia y multidimensionalidad; la estructura y el comportamiento de un objeto similar están definidos en su clase común; los términos instancia y objeto son intercambiables, así como los términos clase y sistema y objeto y subsistema.

Si un objeto trasciende el tiempo, trasciende al ser humano, y al tiempo circunstancial dentro el espacio. Esto hace que afirmemos conjuntamente con Niklas Luhmann (1994) que: "La sociedad no se compone de seres humanos, se compone de comunicaciones entre hombres. Es importante afianzar este punto de partida".

El comportamiento lo definimos como: "El comportamiento de un objeto está completamente definido por sus acciones". Esto explica en parte por qué cada sistema es autopoiético. (Grady Booch, 1991).

La identidad la definimos como: "... la propiedad de un objeto que lo distingue de otros objetos". Este punto clave señala la irrenunciable individualidad del ser humano.

Ninguna parte de un sistema complejo "debe depender de los detalles internos de ninguna otra parte" (Grady Booch, 1991)

Como consideramos a nuestro Sistema como un Sistema Complejo, sabemos, como lo indica Grady Booch, que el mismo tiene los siguientes cinco atributos:

1. Frecuentemente, la complejidad toma forma de una jerarquía o red, donde un sistema complejo está compuesto de subsistemas interrelacionados que a su vez tienen sus propios sistemas, así hasta que algún nivel más bajo de componentes elementales es alcanzado.
2. La elección de qué componentes en un sistema son primitivos es relativamente arbitrario y en gran medida depende de la discreción del observador del sistema
3. Uniones intracomponentes son generalmente más fuertes que uniones intercomponentes. Este hecho tiene el efecto de separar la dinámica de alta frecuencia de los componentes de la dinámica de baja frecuencia - que involucran la estructura de los componentes – desde la dinámica de baja frecuencia – involucrando interacciones entre componentes
4. Sistemas jerárquicos están usualmente compuestos de solo unos pocos tipos de subsistemas en varias combinaciones y arreglos.
5. Un sistema complejo que trabaja invariablemente evolucionó de un sistema simple que trabajaba.

Ahora veamos que la forma canónica de un sistema complejo está en duda, a menos que sea la Clase Madre. El descubrimiento de abstracciones comunes y mecanismos facilitan grandemente nuestro entendimiento de los sistemas complejos. El adjetivo canónico se usa con frecuencia en matemáticas para indicar que algo es natural, como debe ser e independiente de elecciones arbitrarias, que es absoluto y no relativo a un observador, que es intrínseco y no depende de un sistema de referencia o de un sistema de coordenadas, que pertenece a la estructura propia de lo que estudiamos.

Los sistemas más interesantes no están compuestos de jerarquías simples; en vez, encontramos que muchas jerarquías diferentes están usualmente presentes dentro un mismo sistema complejo.

Esto mismo desde una perspectiva física, nos muestra que tenemos dos formas de ver el mundo: Clásicamente y Cuánticamente. Seguir un modelo clásico para explicar algo significa que nuestra teoría se basa en la mecánica clásica, es decir, se basa en los postulados que la mecánica clásica asume como verdaderos (las partículas están localizadas y siguen trayectorias, dada la posición y la velocidad de una partícula podemos saberlo en todo instante usando las ecuaciones de Newton,...). Cuando sigues los postulados de la mecánica cuántica (las partículas no están localizadas, todo lo que podemos saber es la probabilidad de que estén en cierto instante en un lugar determinado que viene dado por el cuadrado de su función de onda,...). Al desarrollar las consecuencias, evidentemente tendremos conclusiones distintas, pues partimos de postulados distintos.

Con la física cuántica empezamos a entender que la realidad que observamos no tiene fronteras. Sólo existen probabilidades que propician la construcción de nuevas realidades, que se concretan según la voluntad del actor, el cual actúa como "atractor extraño" (ver Teoría del Caos) de dichas posibilidades. Sin embargo, las valoraciones sociales actuales no dejan de responder a la ilusión de que estamos viviendo un progreso lineal. Como consecuencia, se adopta una concepción determinista y trágica del ser humano y de sus funciones sociales, esto lleva a la desidia y del conformismo.

Física Cuántica, nuestra realidad y el universo

En la física cuántica, la teoría de la incertidumbre revela que uno vive en un estado de posibilidades infinitas que son fabricadas por uno mismo. El mundo existe en un estado constante de flujo en el que incluso un pequeño cambio de energía puede crear un cambio inmediato y de amplio alcance en la realidad (Olivia Mendoza, 2006).

Aunque la mayor parte del poder en el Universo no es visible, de todos modos se puede utilizar para producir grandes efectos. (Sandra A. Taylor).

Experimentos científicos demuestran cómo se interrelacionan los sentimientos, las emociones y los pensamientos en la creación de la realidad. En La Ciencia de los Milagros (2007), Gregg Braden señala ciertas revelaciones que rompen ciertos paradigmas, a ser:

* No estamos limitados por las leyes de la física, tal como las conocemos hoy.
* No estamos limitados por las leyes de la biología, tal como las conocemos hoy.
* Nuestro ADN es un código que podemos cambiar y "actualizar" por elección.

Según este autor, las implicancias de estos descubrimientos son enormes, de gran alcance y, en algunos casos, incluso dan un poco de miedo. Ellos nos muestran, más allá de toda duda razonable, nos dice Braden, que tenemos el poder de revertir la enfermedad, redefinir el envejecimiento, crear la paz entre las naciones, e incluso cambiar la propia realidad a través del poder de las emociones basadas en el corazón y las creencias.

Si bien los antiguos pensadores y sabios del oriente nos hablaban del éter, a finales del siglo XIX y luego del experimento de Michelson y Morley la comunidad científica negó la existencia del mismo. Sin embargo en los primeros años del siglo XXI, los científicos confirmaron la existencia de un campo de energía que nos conecta con todo en nuestro mundo. Se le han atribuido nombres como: El Holograma de Quantum, El Campo, La Matriz Divina, La Mente de Dios, que no es diferente a lo que los antiguos sabios o las tradiciones espirituales más antiguas llamaban éter.

Tanto la ciencia y las tradiciones antiguas están de acuerdo en dos puntos clave con relación a este campo (Braden, 2007):

* Existe un "idioma preciso" que este campo de energía reconoce.
* Podemos aprender este idioma o lenguaje rápidamente.

Específicamente en la Física Cuántica, los experimentos de finales del siglo XX, que nos demuestran cómo simplemente al mirar algo, ese algo cambia, Wheeler indica: "Ahora hemos aprendido del mundo cuántico que incluso para observar un objeto tan minúsculo como un electrón, debemos destrozar ese vidrio templado: tenemos que ponernos en contacto con el otro lado... Entonces, el antiguo término de observador debe ser sencillamente tachado de los libros, y debemos añadir la nueva palabra:

participante."

La clave de la propuesta de Wheeler es la palabra participante. En este universo, todos somos parte de la ecuación. Todos somos catalizadores de los eventos de nuestras vidas, así como los "experimentadores" de lo que creamos. Somos "parte de un universo que es un trabajo en progreso." En esta creación inconclusa, "somos parches diminutos del universo observándose a sí mismos, construyéndose a sí mismos." (John Wheeler, 2002)

"Pensar en nosotros mismos como participantes en la creación, en vez de simplemente pasar a través del universo durante el breve periodo de tiempo de toda una vida, requiere una nueva percepción de lo que es el cosmos y cómo trabaja. La infraestructura para una visión tan radical del mundo fue la base para una serie de libros y ensayos de otro físico de Princeton y colega de Einstein, David Bohm. Antes de su muerte en 1992, Bohm nos dejó dos teorías de vanguardia que ofrecen una visión muy distinta (y de alguna manera, casi holística) del universo y de nuestro papel en él". (G, Braden, La Matriz Divina, 2007)

El mismo autor indica que: "Así como la vida se construye desde las cuatro bases químicas que crean nuestro ADN, el universo parece estar fundado en las cuatro características de la Matriz Divina, que hacen que las cosas funcionen de la forma en que lo hacen. La clave para conectarse con el poder de la Matriz yace en nuestra habilidad de adoptar los cuatro descubrimientos cruciales, que se conectan con nuestras vidas de una forma sin precedentes:

- Primer descubrimiento: Hay un campo de energía que conecta toda la creación.
- Segundo descubrimiento: Este campo asume el papel de un contenedor, un puente y un espejo de las creencias que tenemos en nuestro interior.
- Tercer descubrimiento: El campo no es local y es holográfico. Cada parte de sí está conectada con las demás, y cada parte refleja la totalidad en una escala menor.
- Cuarto descubrimiento: Nos comunicamos con el campo a través del lenguaje de las emociones". (Braden, G., La Matriz Divina, 2007)

Microcosmos y Macrocosmos

"Un solo hombre equivale a toda la creación. Un hombre es un Mundo en miniatura"

> Abot Rabi Nathan, Palestina S.II

Microcosmos y macrocosmos son dos términos filosóficos que explican la relación entre el ser humano y el universo. Microcosmos es contemplar al ser humano como un mundo completo en sí mismo, como un universo a escala. Macrocosmos alude a un universo completo, al margen de la naturaleza humana.

Uno de los principios filosóficos de la antigüedad es que "el hombre es la medida de todas las cosas". El ser humano se concibe así como un espejo donde se reflejan las Leyes Universales, las que dan sentido, vida y dirección al Universo: somos un microcosmos (pequeño universo) dentro del macrocosmos o Gran Animal Celeste, como llamaba Platón al Universo.

Así concebido el hombre se convierte en un modelo a escala de lo universal: dentro de sí mismo están las mismas características que rigen al Universo, por lo que si me conozco, conozco también en esencia el Universo; e inversamente, si conozco el Universo (las Leyes Naturales), sus Leyes me las puedo aplicar para conocerme mejor.

Bajo esta premisa filosófica conceptual, planteamos que la manera más práctica de abordar el desarrollo del liderazgo es la física, mediante cuyos principios podemos comprender y manejar el microcosmos.

Ahora, cuando hablamos de física cuántica, tenemos que hablar de agujeros negros y su horizonte de sucesos, agujeros blancos y agujeros de gusano.

Agujeros negros

En pocas palabras, un agujero negro es una región del espacio con tanta concentración de materia y un campo gravitacional tan fuerte, que ni siquiera la luz puede salir de él. También podemos definirlo como una región finita del espacio en cuyo interior existe una concentración de masa lo suficientemente elevada para generar un campo gravitatorio tal que ninguna partícula material, ni siquiera la luz, puede escapar de ella.

¿Es posible caer en un agujero negro (como personas y como sociedad), y qué nos pasaría si cayésemos en un agujero negro? Si es posible caer en un agujero negro, y como individuos el riesgo está latente. Entonces si somos nosotros los que vamos a ser engullidos por el agujero negro, al principio sólo notaremos la ausencia de gravedad. Pero ésta irá creciendo cada vez más rápidamente según nos acercamos al agujero. La situación se complica al atravesar el horizonte de sucesos o punto de no retorno. Cualquier cosa que pasa más allá del horizonte de sucesos no saldrá más porque desciende cada vez más en el pozo gravitatorio del agujero negro. Nada puede escapar de caer en ese pozo, ninguna clase de radiación electromagnética (luz), ni ninguna partícula puede escapar.

Supongamos que estás parado en la superficie de un planeta, y lanzas una piedra hacia arriba. Si no la lanzaste demasiado fuerte, llegará hasta una altura máxima, luego de la cual comenzará a caer debido a la acción de la gravedad. Pero si hubieras lanzado la piedra lo suficientemente fuerte, de forma que ésta pudiese escapar a la acción de la gravedad, continuaría subiendo indefinidamente. La velocidad necesaria para lograr que la piedra escape a la acción de la gravedad, se conoce con el nombre de "velocidad de fuga". Esta velocidad de fuga, está íntimamente ligada a la masa del planeta; si el planeta es muy masivo, su gravedad será extremadamente fuerte, y su velocidad de fuga será muy elevada. Un planeta menos masivo, tendrá una velocidad de fuga menor.

Pero fue mucho después, con los trabajos de Oppenheimer, Volkoff y Snyder en los años 30', que se comenzó a tener en cuenta seriamente la posibilidad de que este tipo de objetos existan realmente en el Universo. Estos investigadores demostraron que cuando una estrella suficientemente masiva agota su fuente de energía, es incapaz de hacer frente a su propia gravedad, y colapsa transformándose en un agujero negro. Pasa lo mismo con el hombre…

Cerca de un agujero negro, la distorsión espacio-temporal es demasiado fuerte, y hace que se cumplan extrañas propiedades alrededor del mismo. En particular, un agujero negro tiene lo que se denomina "horizonte de sucesos". Se trata de una superficie esférica que delimita el contorno del agujero negro. Se puede atravesar este horizonte, pero es imposible volver atrás. En efecto, una vez cruzado el horizonte, se es inexorablemente absorbido hacia la "singularidad" en el centro del agujero negro.

Pensemos en el horizonte de sucesos como el lugar en el que la velocidad de fuga se hace igual a la velocidad de la luz. Fuera del horizonte la velocidad de fuga es menor que la de la luz. Si tu nave espacial es lo suficientemente potente, podrás escapar. Pero si te encuentras dentro del horizonte, ya no importa qué tan potente sea tu nave… no escaparás. El modelo de liderazgo cuántico desarrolla en el hombre la capacidad de moverse a una vibración tal que no se acerca al horizonte de sucesos; sin embargo el líder debe mantenerse despierto y vivo, en un movimiento constante hacia lo superior, ya que conoce que en la vida o se va hacia adelante o se va hacia atrás, no existe realmente el estancamiento. Lo que se conoce como estancamiento no es más que una pérdida de velocidad tal que se corre el riesgo de ser absorbido por el agujero negro hacia la singularidad, con la característica que se pierde la individualidad del Yo en este camino de desaparición en la singularidad.

Cuánto tiempo transcurre durante todo este proceso? Bueno, esto depende desde que punto hayas comenzado. El liderazgo cuántico busca mantenernos vibrando a una velocidad tal que nos mantenga lejos del horizonte de sucesos, y que cada bajón nos encuentre en un punto bastante alejado de este.

Como en la física, una vez cruzado el horizonte, en los restantes segundos, sentimos pánico y encendemos nuestros motores a toda potencia para evitar la singularidad. Desafortunadamente, las coordenadas espacio-temporales se han invertido, y la singularidad es ahora parte de nuestro futuro. No hay manera de evitar el futuro. De hecho, cuanta más potencia demos a nuestros motores, más rápido llegaremos a la singularidad. La clave del asunto es no traspasar este horizonte de sucesos, ya que inevitablemente si cruzas el horizonte, seremos absorbidos hacia la singularidad. Mientras estemos del otro lado del horizonte, podremos evitarlo.

Es importante comprender que si caemos en un agujero negro, lo más probable no es que salgamos expulsados a otra parte, sino que lleguemos a la singularidad, y ahí termine todo.

Agujeros de gusano

En física, un agujero de gusano, también conocido como puente de Einstein-Rosen y en algunas traducciones españolas «agujero de lombriz», es una hipotética característica topológica de un espacio-tiempo, descrita por las ecuaciones de la relatividad general, consistente esencialmente en un «atajo» a través del espacio y el tiempo.

Un agujero de gusano es un túnel que conecta dos puntos del espacio-tiempo, o dos Universos paralelos. Permiten unir dos puntos muy distantes y llegar más rápidamente que si se atravesara el Universo a la velocidad de la luz.

Los agujeros de gusano podrían conectar dos puntos del universo actual, o tal vez, en diferentes momentos. En teoría si cae materia dentro de un agujero de gusano, esta materia seguirá hasta llegar a un "agujero blanco" (lo contrario de un agujero negro) que se encontrará en el otro extremo.

Se puede considerar a los agujeros de gusanos como estados muy profundos de conciencia, lugares donde pueden entrar si se atreven (el líder cuántico si se atreve), y regresar o traspasar a un nuevo universo de conciencia, cambiados para siempre. Los Agujeros de Gusano tienen una naturaleza de todo o nada y no ofrecen nada intermedio. Entrar en un agujero de gusano en conciencia exige renunciar a los modos inferiores de ser y a los apegos de su vida actual. Esto les pide profundizar dentro de su conciencia y permitir una desintegración del ser que creen que son, emergiendo con un sentido mucho más profundo de sus estados originales de ser. Esto busca el liderazgo cuántico.

Como todo hombre/mujer, el líder cuántico ahora cabalga en el Horizonte de Eventos del Agujero de Gusano de su vida, una experiencia de todo o nada que sólo tiene un resultado. Se adentra en sí mismo y en su día sabiéndolo con toda la extensión de su ser. Mientras se halla en el borde de quien alguna vez supo que era y el Horizonte de Eventos de lo que el universo le está pidiendo hacer y llegar a ser, puede paralizarse y enredarse en pensamientos y obras mientras los nuevos códigos se disparan en el cerebro (Gillian MacBeth-Louthan, 2009).

La elección final es dar sin pensar en las pérdidas. Saltar sin miedo al abismo sabiendo que en toda oscuridad está cautiva la luz. Llegar al borde y volar sin miedo ni remordimiento, aventurarse donde los ángeles temen entrar y mostrarle al universo de qué está hecho el líder cuántico. No hay crecimiento en un espacio seguro y el presente contiene esa enseñanza. El líder debe aceptar la energía y la luz que alberga y procure llegar al nuevo Horizonte de Eventos de los agujeros de gusano (Gillian MacBeth-Louthan, 2009).

El Modelo

En nuestro ámbito de existencia, todo consiste en información y energía: se le llama ámbito cuántico. D Chopra (2003) señala que en este nivel todo es insustancial, lo que significa que no puede tocarse ni percibirse con ninguno de los cinco sentidos. Tu mente, tus pensamientos, tu ego y la parte de ti que normalmente consideras que es tu ser, son parte del ámbito cuántico. Estas cosas carecen de solidez; sin embargo sabes que tu ser y tus pensamientos son reales. Aunque es más fácil pensar el ámbito cuántico en términos de la mente, engloba mucho más. De hecho, todo lo que existe en el universo visible es una manifestación de la energía y la información del ámbito cuántico. El mundo material es un subconjunto del mundo cuántico. Otra manera de explicarlo es que todo lo existente en el ámbito físico está hecho de información y energía. En la famosa ecuación de Einstein, E = MC2, sabemos que la energía (E) es igual a la masa (M) por la velocidad de la luz (C) al cuadrado. Esto nos dice que la materia (masa) y la energía son la misma cosa, pero en manifestaciones diferentes: energía es igual a masa. (D. Chopra, 2003)

El modelo cuántico condensa esta información en actitudes y aptitudes concretas que llamamos Competencias (ver más arriba), entendiendo éstas como aquél saber teórico y el práctico (saber actuar) complejo en circunstancias particulares, esto implica la toma de decisiones respecto a qué recursos poner en juego para alcanzar una meta de manera crítica y efectiva.

Cada componente del modelo contiene determinadas competencias y las herramientas necesarias para lograrlas.

Este modelo cuántico se basa en la premisa de que "No resolveremos nuestros problemas con el mismo tipo de pensamiento que utilizamos cuando los creamos" (Albert Einstein). Así mismo comprende que "Si las modificaciones necesarias para acomodar nuevas observaciones resultan demasiado abarrocadas, ello indica la necesidad de un nuevo modelo." (Stephen Hawking, El gran Diseño). Por ello nuestra modelo tiene su centro en el ser, con los siguientes componentes orbitando alrededor de este: Conocimiento/Conciencia, Pensamiento, Sentimiento, Acción.

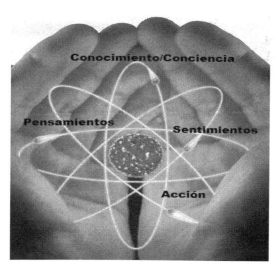

El núcleo de estos componentes es el Ser y el Hacer.

Siguiendo esta línea de pensamiento Cuántico, vemos que el desarrollo o desenvolvimiento humano es el siguiente:

a) Conocer
b) Pensar
c) Sentir
d) Actuar

Este ciclo, señalado por diferentes pensadores, incluyendo Bovisio, Ramacharaka, o Edwin J. Dingle, es la base del modelo cuántico para el desarrollo del Liderazgo Cuántico.

Salto Cuántico

Por la física sabemos que los electrones permanecen en una órbita, pero a veces cambian a otra. Si absorbe energía, un electrón puede saltar a una órbita superior; si libera energía, puede caer a una órbita inferior. Y esto es lo importante: cuando un electrón cambia de una órbita a otra, no se mueve a través del espacio que las separa; en un momento está en la órbita A y al siguiente está en la B, sin haber recorrido el espacio entre las dos A, esto se le llama Salto Cuántico.

Dar un salto cuántico significa ir más allá de los límites de lo probable, de lo obvio. No se trata de una pequeña mejoría, eso no sería un salto cuántico. Tampoco se trata de una revolución, la cual es sinónimo de violencia y dolor y normalmente termina en un giro de 360°. Un salto cuántico produce una mejoría exponencial, un resultado extraordinario. Un salto cuántico es por definición asombroso, no convencional. Es pasar de una dimensión a otra diferente, de un estado a otro estado. En un sentido más amplio, un salto cuántico es un cambio de estado —de un conjunto de circunstancias a otro— que ocurre de manera inmediata, sin sucesos intermedios. Eso es a lo que va el liderazgo cuántico.

Para lograr esto tenemos que renunciar a nuestras viejas creencias y patrones de pensamiento limitantes. Debemos actuar con certeza, sin duda. Si queremos dudar de algo, dudemos de nuestros límites.

Vimos que los procesos y transformaciones de la energía son la clave del funcionamiento de la vida y del Universo; por ello, y en concordancia con los principios cuánticos, este modelo permite absorber energía, logrando en gran medida evitar la pérdida de la misma, esto nos lleva a un nivel más alto e impide que retrocedamos a un nivel más bajo

"Tu mente tiene un efecto sobre tu mundo —señala Joe Dispenza—, en la física cuántica, el efecto observador afirma que allí donde pones la atención pones la energía". Modificar la focalización mental es lo que propone este modelo cuántico para generar otro tipo de circunstancias y realidad.

Es importante comprender que toda creatividad se basa en saltos cuánticos e incertidumbre. Las ideas verdaderamente novedosas surgen del sustrato colectivo de información en momentos especiales (parte de la sincronicidad cuántica). Estas ideas no se originan en el afortunado individuo, sino en la conciencia colectiva. Por eso es frecuente que dos o más personas realicen descubrimientos científicos significativos al mismo tiempo. Las ideas circulan en el inconsciente colectivo y las mentes preparadas están listas para traducir esa información. Ésta es la naturaleza del genio; ser capaz de comprender lo conocible aun cuando nadie más reconozca que está ahí.

Cuánticamente, cualquier suceso, por muy irreal que parezca, posee una probabilidad de que suceda, como el hecho de que al lanzar una pelota contra una pared ésta pueda traspasarla. Aunque la probabilidad de que esto sucediese sería infinitamente pequeña, podría ocurrir perfectamente.

Conclusiones

Hoy vemos y sentimos, como Ramacharaka indica, que lo viejo está derrumbándose para dar paso a lo nuevo. Convencionalismos, ideas, costumbres, leyes, conceptos sociológicos, económicos, teológicos, políticos, filosóficos y metafísicos quedarán desechados por el nuevo hombre y nueva mujer, es decir por la nueva humanidad. En este escenario, los hombres están desesperados y se sienten desamparados e imploran por un guía, un salvador. Nosotros afirmamos que el alivio no vendrá del exterior; vendrá del interior.

Es en esta nueva realidad donde surge el Líder Cuántico como el generador de este alivio interior, o más exactamente del salto cuántico hacia el cual tiene que avanzar el hombre, tanto en el ámbito personal, social y/o empresarial. El actuar de este líder debe estar relacionado con diferentes ciencias, y en particular con la física, ya que esto lleva a encontrar una forma de razonamiento y pensamiento más eficaz que el modelo lineal con el cual actúan la gran mayoría de las personas y las sociedades. Por ello este líder debe ser un Líder Cuántico.

Todos somos seres incompletos inacabados. El líder cuántico conoce que el hombre puede realizar su propia evolución, puede completarse a sí mismo individualmente. Este es el trabajo que debe realizar el nuevo líder.

Todo hombre, sin importar su condición actual, debe someterse a un proceso de evolución interior, para lo cual es necesario que antes que nada cambie su pensamiento ya que, como señala Siddhartha Gautama, cómo piensa el hombre, así es él. Por ello lo primero que el liderazgo cuántico hace es enfocarse en el cambio de nuestra mentalidad y forma de pensar. Para esto debemos recurrir a teorías científicas comprobadas como las analizadas en el capítulo I. Estos enfoques teóricos sirven como mapas que nos guiarán hacia una visión holística y cuántica de nosotros mismos, nuestra realidad, el universo y nuestra relación con este último.

Siguiendo esta línea de pensamiento Cuántico, vemos que el desarrollo o desenvolvimiento humano es el siguiente:

a) Conocer
b) Pensar
c) Sentir
d) Actuar

Este desarrollo está enmarcado en momentos históricos que señalan determinadas características sociales, económicas, políticas, tecnológicas y científicas, por lo cual es importante comprender estas, las cuales las señalamos en los capítulos II y III.

El liderazgo cuántico desarrolla en el hombre la capacidad de moverse a una vibración tal que no se acerca al horizonte de sucesos que lo llevaría inevitablemente al regreso a la singularidad; si no que lo mantiene despierto y vivo, en un movimiento constante hacia lo superior, ya que conoce que en la vida o se va hacia adelante o se va hacia atrás, no existe realmente el estancamiento.

Finalmente, el liderazgo cuántico no se trata de una revolución, la cual es sinónimo de violencia y dolor y normalmente termina en un giro de 360°. El liderazgo cuántico se trata de un Salto Cuántico. Este no es una pequeña mejoría, eso no sería un salto cuántico. Dar un salto cuántico significa ir más allá de los límites de lo probable, de lo obvio. Un salto cuántico produce una mejoría exponencial, un resultado extraordinario. Un salto cuántico es por definición es asombroso, no convencional. Es pasar de una dimensión a otra diferente, de un estado a otro estado.

ANEXO I
LAS COMPETENCIAS

I.1 Conocimiento/Conciencia

El conocimiento es una actividad dinámica que no solo nos permite y exige un constante aprendizaje, sino que debe estar acompañado de la reversibilidad, es decir de la habilidad de desaprender rápidamente tanto como re-aprender, por lo tanto botar ideas propias y cambiarlas por nuevas ideas que se ajustan al dinamismo de la realidad cambiante.

Algunas competencias de este componente son:

• Conocer nuestras fortalezas y debilidades para aprovecha al máximo las primeras y subsanar las segundas.
• Ser Multidisciplinario para contar con inputs muy suculentos para generar outputs valiosos.
• Tener capacidad comercial para contar con una fuerte orientación comercial que lleve nuestros emprendimientos hacia el éxito.
• Saber quién se es.
• Tener una visión y concepto claro y flexible sobre el significado de la realidad y la vida.
• Desarrollar el carácter para alcanzar el éxito.
• Contar con un firme conocimiento científico del área específica en la cual desarrollamos un determinado trabajo.
• Ser un experto en el campo en la cual nos desarrollamos.

I.2 Pensamientos

Siddhartha Gautama (Buda) señala que: Como piensa el hombre, así es él. Este es probablemente el componente más crítico del modelo cuántico, no solo por su complejidad, sino especialmente por el gran trabajo y esfuerzo que requiere su dominio.

A continuación señalamos algunas competencias de este componente:

• Alentar el reconocimiento explícito de causas y efectos, controladores e impactos, para anticipar el efecto de una decisión y ver la probabilidad de existencia de variables o temas de interés.
• Establecer metas y objetivos claros y concretos para saber a dónde ir y dirigirse a ese punto en forma eficaz.
• Ser Innovador y busca nuevas y mejores maneras de hacer las cosas.
• Aplicar la excelencia para no tolerar los defectos y tomar una actitud de buscar siempre una solución.
• Tener confianza y seguridad para que nosotros y los demás crean en nosotros.
• Ser humilde, sincero y mejor cómo persona para asegurar un liderazgo indiscutible.
• Ser creativo para resolver las contingencias en forma eficaz
• Expresarse en forma clara y con fuerza para comunicar nuestros pensamientos
• Fomentar nuestra tipología natural de carisma y desarrollar formas alternativas
• Fomentar el desarrollo continuo de ideas.
• Contar con una visión clara del futuro para saber hacia dónde nos dirigimos.
• Ser Optimista para ser persistente en el logro de los objetivos y perseverar cuando las cosas no salen como se habían planeado.
• Tener una mirada educada para descubrir soluciones y no para encontrar problemas. Y así huir de los quejicas, victimistas y pesimistas.
• Ser pragmático y ágil y tener velocidad de actuación para evitar que la parálisis por el análisis nos deje fuera de juego.
• Tener la capacidad de tomar decisiones y asumir riesgo para evitar que el temor a equivocarse nos agarrote y reprima.
• Mirar por encima del horizonte para apreciar el futuro y observan las tendencias actuales para que los cambios no nos tomen por sorpresa.
• Escuchan las diferentes posturas del pensamiento ajeno para así enriquecer nuestra comprensión y acción.
• Vivir el presente con la mirada hacia el futuro para nunca estar apresurados, aprovechando al máximo cada día.

- No perder el tiempo para utilizarlo en forma eficaz y así lograr los objetivos y metas.
- Trabajar sobre nosotros mismos para no convertirse en personas arrogantes.
- Tener una mirada transversal, global e integral de la realidad para comprender mejor y actuar más eficazmente.
- Desaprender tan rápidamente como aprender para adaptarse al vertiginoso cambio actual.
- Facilitar el aprendizaje continuo, reconocer el trabajo bien hecho y fomentar la generación de un clima en el que las personas puedan disfrutar realizando sus tareas
- Tener la capacidad de pensar de acuerdo a los principios del pensamiento sistémico (System Thinking)
- Reconocer los patrones presentes en la realidad en la cual nos movemos

I.3 Sentimientos

Las emociones cuando son dirigidas por pensamientos claros se convierten en sentimientos.

A continuación señalamos algunas de las competencias de este componente:

- Tener la habilidad para manejar los sentimientos y emociones propios y de los demás para discriminar entre ellos y utilizar esta información para guiar el pensamiento y la acción
- Argumentar y exponer argumentos en forma científica y eficaz de modo que sean entendidos y convenzan.
- Dejar fluir las emociones para no guardarlas en el interior y evitar estallar el momento menos pensado
- Generar una conexión emocional con los demás para permitir la generación de confianza y creatividad.
- Inspirar a los colaboradores para que estos ofrezcan lo mejor de sí mismos, para que puedan alcanzar sus sueños.
- Conocer cuáles son las necesidades y sentimientos de los demás para ponernos en su lugar y comprender su mundo.
- Gestionar con mucha inteligencia y eficazmente y con serenidad frente a la presión y tensión
- Tener la capacidad de reacción para reaccionar al instante en las diferentes situaciones que se nos presenten.
- Controlar las emociones para ejercer un liderazgo dentro del ámbito donde nos desempeña

• Establecer relaciones personales con lazos sinceros y fuertes para aprender a superarnos como persona.
• Saber relacionarse para establecer una buena gestión estratégica, donde los contactos son vitales.
• Conocer los sentimientos propios para manejarlos y así evitar que ellos sean los dueños da las situaciones.
• Estar en paz consigo mismo/a para ser el dueño de sus acciones evitando cometer errores generados por estado emocionales.
• Convertir toda emoción en sensación, creando una sincronía entre sensación y pensamiento.
• Ser emocionalmente autoconscientes para ser eficaces
• Tener la capacidad de adaptación de acuerdo a cada circunstancia.
• Control de las emociones propias para actuar sobre las circunstancias y que sean ellas las que actúan sobre las emociones.
• Tener la capacidad de resolución de conflictos (Conflict Management).
• Contar con un alto grado de empatía.

I.4 Acción

Basados en el conocimiento hecho intuición (proceso cuyo catalizador es la conciencia) pensamos, luego sentimos y finalmente actuamos de acuerdo a los tres primeros pilares.

Algunas de las competencias de este componente son:

• Comunicarnos eficazmente para lograr nuestros objetivos eficazmente.
• Saber "escuchar" y considerar lo que el grupo expresa.
• Estar informado para entender o saber procesar la información, interpretarla inteligentemente y utilizarla en la forma más creativa.
• Crecer y hace crecer a la gente para avanzar siempre hacia arriba.
• Ser efectivo para lograr los objetivos correctos
• Comprometernos para lograr excelencia.
• Trabajar en equipo para sumar las complementariedades y lograr el éxito.
• Ser personalmente productivo para no gestionar urgencias.
• Ver el bosque tanto como el árbol para contar con una mejor comprensión.
• Diseñar espacios participativos eficaces para el logro de los objetivos.
• Ser congruentes con las capacidades del grupo para que los objetivos pueden cumplirse.
• Hablar en público con seguridad y claridad para ser escuchado y poder liderar.
• Tomar decisiones y no permitir que las decisiones nos tomen a

nosotros.
- Tener una fuerte orientación hacia los logros (Achivement Orientation)
- Ser responsable para cuando algo sale mal, asumir que pueden aprender de esa situación y esperar hacerlo mejor la próxima vez.
- Lograr que nuestros procesos o tareas sean irresistibles para que la imagen asociada a nuestra marca se convierta en irresistible y así logra la lealtad y hasta la "adicción" de los clientes/compañeros.
- Ser Tomadores de Decisiones diariamente.
- Crear sinergia y unidad entre pensamiento, sentimiento y acción.

ACERCA DEL AUTOR

Ramiro Rollano Prado nació en Cochabamba, Bolivia, obtuvo su Doctorado en Ciencias Administrativas y Económicas, es Licenciado en Ciencias de Administración de Empresas y Sistemas de Información, realizó una Maestría en Ciencias Políticas, tiene una Especialidad en Gerencia Política y un postgrado en Educación Superior. Así mismo es Certificado Master en Life Coaching, Business Coaching y NPL, y realizó estudios en esoterismo por más de 25 años.

Made in the USA
Las Vegas, NV
03 December 2022